Cet ouvrage comporte 3 parties :

1. Choix de médailles antiques d'Olbiopolis ou Olbia, faisant partie du Cabinet du Conseiller d'État de BLARAMBERG à Odessa... _ Paris, 1822. 64 p., 22 pl.

2. BLARAMBERG (de). _ Notice sur quelques objets d'antiquité découverts en Tauride dans un tumulus, près du site de l'ancienne Panticapée. _ Paris, 1822. 31 p., 1 pl.

3. STREMPKOVSKY (J. de). _ Notice sur la Médaille de Rhadaméadis, roi inconnu du Bosphore-Cimmérien, découverte en Tauride en 1820. _ Paris, 1823. 17 p., 1 pl.

Un double existe de la 1ère partie

N 511 B

RES. 11009-BLA-8°(1-3)

CHOIX

DE

MÉDAILLES ANTIQUES

D'OLBIOPOLIS OU OLBIA.

AVERTISSEMENT DU LIBRAIRE-ÉDITEUR.

En publiant, le mois dernier, la *Notice* de M. de Blaramberg, *sur quelques objets d'antiquité découverts en Tauride*, nous avons annoncé la publication prochaine d'une autre notice plus importante encore du même auteur, sur des médailles d'*Olbiopolis* dont il a réuni, dans son cabinet à *Odessa*, une collection infiniment plus riche et plus complète qu'aucune de celles qu'on connaissait jusqu'ici; c'est cette notice que nous publions aujourd'hui; et nous croyons, que les personnes versées dans la connaissance de la numismatique nous sauront gré de leur offrir cet intéressant opuscule.

Le même savant qui s'était chargé de diriger l'impression de la première *notice*, a bien voulu donner encore ses soins à celle-ci et y ajouter quelques notes, que le lecteur distinguera facilement de celles de M. de Blaramberg, par les initiales du nom de cet académicien, R.-R.

La gravure des planches a été confiée au burin de M. Saint-Ange, dont la réputation en ce genre de gravure, qui exige un goût et un talent particuliers, est faite depuis long-temps : nous pouvons assurer que l'exécution de ces planches ne laisse rien à désirer sous le double rapport du style et de l'exactitude.

On trouvera joint à cette dissertation un plan topographique des ruines d'*Olbiopolis*, dressé avec beaucoup de soin sur les lieux et qui ne sera pas un des moindres ornements de la notice de M. de Blaramberg, dont il sert, d'un autre côté, à constater la fidélité.

DE L'IMPRIMERIE DE FIRMIN DIDOT.

CHOIX

DE

MÉDAILLES ANTIQUES

D'OLBIOPOLIS OU OLBIA,

FAISANT PARTIE DU CABINET

DU CONSEILLER-D'ÉTAT DE BLARAMBERG
A ODESSA;

AVEC XX PLANCHES, GRAVÉES D'APRÈS SES DESSINS SUR LES MÉDAILLES ORIGINALES; ACCOMPAGNÉES D'UNE

NOTICE SUR OLBIA,

ET D'UN PLAN DE L'EMPLACEMENT OÙ SE VOIENT AUJOURD'HUI LES RUINES DE CETTE VILLE.

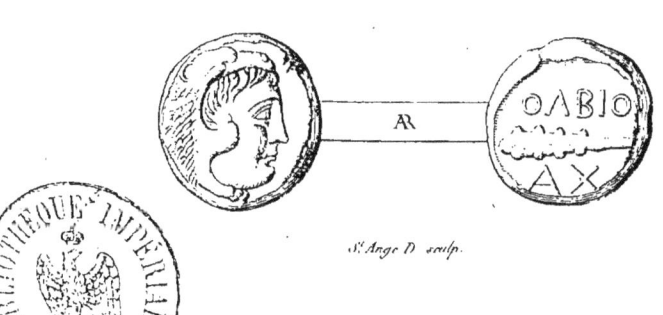

St Ange D. sculp.

A PARIS,

CHEZ FIRMIN DIDOT, PÈRE ET FILS,

LIBRAIRES, RUE JACOB, N° 24.

1822.

AVANT-PROPOS
DE L'AUTEUR.

A environ cent werstes [1] de la florissante *Odessa* moderne, était située l'ancienne *Olbia* ou *Olbiopolis*, à laquelle sa position et la prospérité de son commerce, assignaient, il y a près de dix-neuf siècles [2], le même rang qu'occupe de nos jours, sous le même rapport et dans les mêmes contrées, la ville que l'on vient de citer, et sur une partie de l'emplacement de laquelle il devait probablement exister, malgré l'opinion générale, laquelle est contraire à cette supposition, un mouillage avec un établissement grec [3] : ce que prouveraient les débris de vases en terre cuite, dans le genre des *Amphores* ou *Diotas* d'*Olbia*, trouvés en creusant les fondements de différents édifices à *Odessa*, entre autres ceux

---

[1] Une werste vaut environ un quart de lieue de *France*.

[2] Époque qui paraît avoir été celle de la plus haute prospérité d'*Olbia*, vû qu'après l'irruption des *Gètes* ou *Daces*, arrivée vers le milieu du dernier siècle avant l'ère chrétienne, *Olbiopolis* ne put jamais se rétablir entièrement.

[3] Un savant philologue, M. le conseiller intime Mouravief-Apostol, partage cette opinion.

de la maison de M. le comte de Saint-Priest, gouverneur de *Cherson*. D'un autre côté, le *périple* d'Arrien, et, d'après lui, le *périple* de l'auteur anonyme, en citant le *port des Istriens* (Ἰστριανῶν λιμὴν), sans être entièrement d'accord sur la distance qu'ils fixent depuis l'embouchure du *Borysthènes* à ce port [1], ni sur celle du fleuve à l'ancien *Odessus* ou *Ordessus* de nos parages [2], que Ptolémée place sur l'*Axiace*, ou le *Téligoul*, offrent néanmoins beaucoup de probabilités sur l'identité de ce *port des Istriens*, que fréquentaient apparemment les habitants de la ville d'*Istrus*, avec notre *Odessa* maintenant en relation avec les habitants des ports voisins du *Danube*, comme elle l'était à cette époque reculée.

Quant au nom d'*Odessa*, qui lui a été donné d'après celui de l'ancienne ville qui existait probablement à environ cinquante werstes plus loin, en direction nord-est [3], cette dénomination n'est pas

---

[1] Comme les anciens suivaient en naviguant toutes les sinuosités du rivage, les distances fixées dans ces périples, surpassent de beaucoup celles qu'offrirait la ligne droite.

[2] Il n'est pas question ici de l'ancien *Odessus*, situé près de *Dionysiopolis*, ou *Warna*, en *Thrace*, et non près du *Danube*, où la place l'auteur de l'*Histoire primitive des peuples de la Russie*.

[3] A l'embouchure du *Téligoul*, comme il est dit plus haut. Pline place *Ordessus* près du fleuve *Rhodan*, et du golfe *Sagarique* (à l'embouchure du *Bérésan*).

aussi déplacée que celle qu'on a attribuée si mal à propos à *Ovidiopol*, dont la situation est bien loin du lieu de l'exil du poète immortel, relégué à *Tomi*, ville située dans la *Mœsie inférieure*, au midi des embouchures du *Danube*. Observons ici en passant que les relations de *Tomi* avec *Olbiopolis*, sont constatées par une inscription de cette dernière ville [1], et par les monnaies de *Tomi* qui y ont été recueillies.

Fixé depuis plusieurs années à *Odessa*, la proximité des ruines d'*Olbia* m'a fourni l'occasion de rassembler une collection précieuse de médailles de cette ville, dont une grande partie est inédite, et dont l'autre a été décrite, mais avec beaucoup d'inexactitudes; et ces inexactitudes, la plupart du temps accréditées par un nom qui fait autorité en numismatique, ont dû nécessairement jeter de la confusion dans la classification générale des monnaies d'*Olbiopolis*.

Ces considérations m'ont engagé à publier le résultat des recherches, dont je me suis occupé pendant près de dix ans. Cette collection, composée

---

[1] Je ne sais si l'auteur veut parler d'une inscription inédite d'*Olbiopolis*, ou de celle que nous avons publiée dans nos *Antiquités grecques du Bosphore*, planche XII, en tête de laquelle le nom de *Tomi* se lit effectivement parmi ceux des villes maritimes qui avaient des rapports de commerce avec *Olbia*. R.-R.

exclusivement de médailles d'*Olbia*, recueillies sur les lieux mêmes, et dont j'ai tâché de rendre la représentation aussi fidèle qu'il m'a été possible, surtout relativement aux caractères des différentes têtes qui en forment le type principal, offrira aux amateurs une *monographie numismatique* à peu près complète d'*Olbiopolis*, qui, déja assez intéressante sous le rapport de l'art et de la rareté d'une grande partie des médailles dont elle est composée, peut encore être utile sous un point de vue historique, en aidant à fixer l'époque où *Olbia*, saccagée entièrement par les barbares, finit d'exister, ainsi que d'autres villes situées sur le *Tyras* et le *Danube*, qui disparurent successivement à peu près à la même époque : c'est-à-dire dans le courant du IIIe siècle de notre ère.

Pour ce qui regarde la partie paléographique des antiquités d'*Olbia*, dont les matériaux existent chez moi, mon savant ami, M. le conseiller d'état de Koëhler, dans son *Illustration des monuments antiques des colonies grecques,* qui existaient jadis près des rives du *Pont-Euxin*, et qui forment une partie des contrées soumises aujourd'hui au sceptre de la *Russie*, en a déja publié de son côté plusieurs, avec la traduction des inscriptions en langue allemande ; et ce ne serait que dans le cas où cet habile archéologue rencontrerait quelque empêchement imprévu dans la publication des autres inscriptions inédites d'*Olbia*, que je hasarderais de faire paraître celles que je possède, avec la description des morceaux appartenant à l'antiquité figurée, que j'ai rassemblés successivement, et qui forment mon cabinet d'antiquités d'*Olbia*[1], indépendamment d'une collection, encore incomplète, de médailles des différentes villes situées sur le rivage, ou dans le voisinage de la *Mer-Noire*, qui offrirait, d'après la position des villes auxquelles ces monnaies appartiennent, une sorte de *périple numismatique du Pont-Euxin*.

En traçant le léger aperçu en forme de notice sur *Olbia*, qui précède le catalogue des médailles de cette ville, on s'est uniquement proposé de rassembler différents documents dispersés et de faciliter les recherches locales, à l'aide desquelles une plume plus exercée doit établir la description des ports anciens de cette partie de l'empire de *Russie*, si digne de l'intérêt de l'histoire. La publication des *médailles des rois du Bosphore* d'après un ordre plus exact, de laquelle s'occupe le savant que je viens de citer, jettera un nouveau jour sur l'histoire de *Panticapée* et de *Phanagorie*, et

---

[1] Ayant eu recours, dans la traduction des *Pséphismes d'Olbia*, aux lumières d'un helléniste aussi instruit que modeste, M. le major Panaghiodore-Nicobule, je me fais un plaisir et un devoir de lui en témoigner ici ma reconnaissance.

pourra répandre aussi quelque clarté sur celle de l'ancienne *Théodosie*, dont on ne connaît jusqu'ici qu'une seule monnaie autonome. Espérons qu'un jour quelque curieux, domicilié dans les environs de l'ancienne *Chersonnèse Héracléote*, consacrera de son côté ses loisirs et ses moyens à la recherche et à la formation d'une collection de médailles de cette ville fameuse, qui puisse offrir plus d'ensemble et d'intérêt, que la suite, jusqu'à présent encore si rare et si incomplète, qu'on est parvenu à en recueillir.

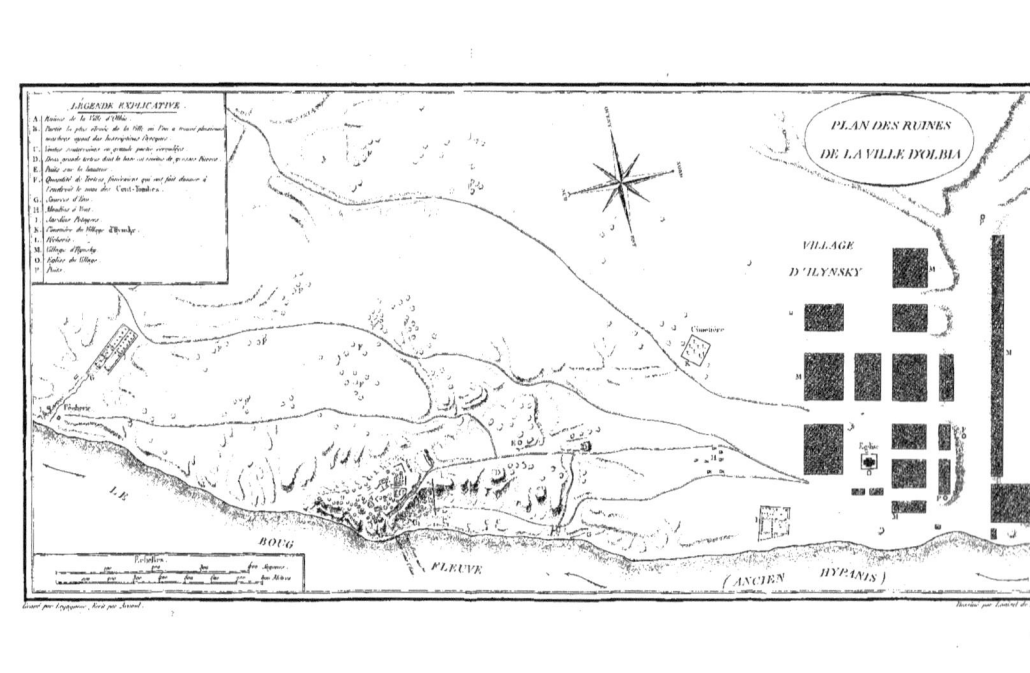

NOTICE SUR OLBIA.

Olbia, ou *Olbiopolis*, fut fondée dans le viie siècle avant notre ère par les *Milésiens*. Sa fondation eut lieu du temps de la monarchie des *Mèdes*. Eusèbe en fixe l'époque à la seconde année de la trente-unième Olympiade, environ 655 ans avant J. C.[1]

Ses fondateurs lui donnèrent le nom de *Milétopolis*. Elle fut dans la suite appelée la ville des *Borysthénites*, d'après sa situation près du confluent du *Borysthènes* et de l'*Hypanis*, dont les *Limans* réunis se jettent dans la *Mer-Noire* à peu de distance de l'ancien port d'*Olbia*. Les vestiges de cette ville se voient encore aujourd'hui sur la rive droite du *Boug*, l'ancien *Hypanis*. La dénomination d'*Olbiopolis* est la seule qui existe sur ses monnaies et dans ses inscriptions. Elles offrent le plus souvent, en abrégé, le nom des *Olbiopolites*, qui se trouve néanmoins en entier sur plusieurs de ses médailles autonomes, et toujours de la même manière, sur ses monnaies impériales. Elle est appelée *Olbiopolis* par Pline, et *Olbia* par Pomponius-Méla et par Strabon.

Le type si multiplié des différentes effigies d'Apollon que l'on rencontre sur les médailles d'*Olbiopolis*, les-

---

[1] Cette époque correspond avec celle de la dix-neuvième année du règne de Tullus Hostilius, troisième roi de *Rome*.

quelles offrent en même-temps, au revers, les différents attributs de ce dieu, tels que l'arc et la lyre, ainsi que les symboles relatifs à la prospérité de cette colonie, savoir : les épis figurant la récolte des grains, et la pêche des poissons, si fréquemment représentée de même sur ses monnaies, nous semblent autoriser suffisamment la supposition qu'Apollon, divinité tutélaire des *Milésiens*, était adoré à *Olbia*, sous le nom particulier d'*Olbio-Ergos*, affecté d'ailleurs à ce dieu, et qui signifie *auteur de bonheur*, ou *dispensateur de richesses* : ce qui aurait pu aussi donner lieu à la dénomination d'*Olbiopolis*, adoptée par la ville des *Borysthénites*.

Cette dénomination était amplement justifiée par les avantages que les champs fertiles de ses voisins, sa propre position, et son commerce lui assuraient ; par les pâturages dont elle était entourée, et enfin par la pêche abondante de ses excellents poissons (*sans arrêtes*, comme les désigne Méla), que l'on pêche encore aujourd'hui dans le *Liman* du *Boug*, au pied du site de l'ancienne *Olbia* [1]. Hérodote donne le nom de *Scythes-Géorgiens* (*Gé-Ourgiens*), ou de cultivateurs, à des peuples qui s'occupaient de préférence de la culture des terres, et qui habitaient une contrée assez étendue sur la rive gauche du *Dniéper*. Ces *Géorgiens* enrichissaient de leurs produits la ville d'*Olbiopolis*.

Les *Arqtères*, ou laboureurs d'Hérodote, qui habi-

---

[1] L'*Esturgeon* (Acipenser Sturio); le *Sterlet* (Acipenser Ruthenus) et le *Béluga* (Acipenser Huso); on y pêche aujourd'hui en abondance, le *Sevriouga* (Acipenser Stellatus de Pallas).

taient la partie supérieure du *Dniester*, alimentaient le commerce d'*Ophiuse*, que Pline appèle aussi *Tyras*, et qui, d'après sa position sur la rive droite du fleuve, paraît être la moderne *Akkerman*; et celui de *Niconium*, peut-être l'*Ovidiopol* d'aujourd'hui, d'ailleurs si mal nommé.

La ville d'*Olbiopolis* avait atteint, déja du temps d'Hérodote, un grand degré de prospérité, dans lequel il paraît qu'elle se soutint pendant plusieurs siècles, jusqu'à la grande irruption des *Daces*, ou des *Gètes*, qui ravagèrent cette contrée peu de temps, à ce qu'il paraît, après le règne de Mithridate Eupator, et qui étendirent leurs ravages le long de l'*Euxin* jusqu'à *Apollonie* en *Thrace*.

Des rois scythes habitaient, avant Hérodote, dans le voisinage d'*Olbiopolis*. L'infortuné Scylès, fils d'une grecque de la ville d'*Istrus*, avait, au rapport de cet historien [1], fait construire à *Olbiopolis* un édifice, ou palais, en pierre blanche, orné de statues de griffons et de sphynx de la même pierre, qu'il assigna pour habitation à une femme Borysthénite qu'il avait épousée. Il fut victime de sa prédilection pour les Grecs, et son initiation aux mystères de Bacchus le priva du trône et lui coûta la vie.

Cet évènement présente des rapports frappants avec la fin du sage Anacharsis. Ce philosophe, fils et frère de rois Scythes de même que Scylès, était, ainsi que lui, fils d'une grecque; trahi de même, en sacrifiant en secret à Cybèle, il fut atteint du trait mortel dans le bois

---

[1] Herodot., lib. IV, c. 77, 78.

d'*Hylée*, non loin de la ville actuelle de *Cherson*, de l'autre côté du *Borysthènes*; enfin, ce fut par son frère, le roi Saulios, qu'il fut assassiné comme Scylès périt de la main de son frère Octomadès, qui régna après lui en *Scythie*.

Il est à regretter que les auteurs anciens qui parlent d'*Olbia*, depuis Hérodote jusqu'au temps de Dion Chrysostôme, c'est-à-dire, jusqu'au commencement du second siècle de notre ère, se bornent à la citer dans leurs descriptions des villes voisines de l'*Euxin*, sans nous donner de détails sur cette ville. Strabon l'appelle *marché fameux*, ou grande ville de commerce [1].

Du temps de ce célèbre géographe, les villes de *Panticapée*, de *Phanagorie* et de *Dioscurias*, formaient les points les plus considérables de la vente des esclaves. Chez les *Scythes* eux-mêmes, l'esclavage existait, ainsi que chez d'autres peuples nomades. Les résultats de la petite guerre, qui avait constamment lieu entre les peuplades du *Caucase*, devaient offrir une foule de prisonniers, qui se vendaient comme esclaves. Les grands marchés d'esclaves étaient les lieux de rassemblement d'une foule de différents peuples, du nombre desquels étaient sans doute les *Olbiopolites* : on en comptait, selon Strabon, jusqu'à 70 à celui de *Dioscurias*, aujourd'hui *Ischouria*.

Quant au trafic des bleds, infiniment plus avantageux pour les colonies grecques que toute autre branche de commerce, un des entrepôts de grains les plus consi-

---

[1] Μέγα ἐμπορεῖον.

dérables, près des bords de la *Mer-Noire*, se trouvait à *Olbia*, particulièrement en relation, ainsi que l'ancienne *Théodosie*, pour cet article d'approvisionnement, avec *Athènes*, dont le territoire ingrat ne produisait point, à beaucoup près, la quantité de grains nécessaires à sa consommation.

Attirés par le commerce lucratif des pelleteries, les marchands grecs étendirent successivement leurs spéculations, en dirigeant leurs caravanes dans l'intérieur jusqu'au pays des *Budins* et des *Gélons*, où s'étaient établis des marchands de leur nation, dans une ville construite par eux en maisons de bois, et où ils avaient élevé des temples avec les mêmes matériaux. Là, se trouvait le dépôt de ces fourrures, qu'ils revendaient ensuite aux *Thraces* et aux *Mélanchlènes*, peuples de l'intérieur de la *Scythie*.

En admettant, d'après Hérodote, l'établissement des caravanes par des peuples qui connaissaient l'intérieur de l'*Asie*, tels que les *Scolotes*, et la possibilité de quelques relations commerciales, dans ces temps reculés, entre les habitants des rives de l'*Euxin* et les *Indes*, où les *Hippomolgues* ou *Nomades* (*Hamaxobii*), allaient avec leurs chariots; ces caravanes, formées non loin d'*Olbia* [1], devaient diriger d'abord leur marche par la partie boisée de l'*Hylée*, en longeant les côtes de la *Mer d'Azoph*, jusqu'aux bords du *Tanaïs*. Passant ce fleuve près de son embouchure, elles arrivaient dans la grande *Steppe* d'*Astracan*. Traversant ensuite, en di-

---

[1] Ceci est conforme à l'opinion du célèbre Héeren.

rection septentrionale, le pays des anciens *Sarmates*, elles parvenaient aux lieux des habitations des *Budins* et des *Gélons*, où les caravanes faisaient halte dans la ville de bois, dont il est fait mention plus haut.

De là, ceux dont les spéculations s'étendaient plus loin, continuaient leur route en direction nord-est, et parcouraient une *Steppe* de 7 à 8 journées, qui s'étendait jusqu'aux habitations des *Thyssagètes* et des *Ircéens*, aux frontières de la *Sibérie;* en communiquant, au moyen de sept interprètes, avec autant de peuplades différentes qu'ils rencontraient sur leur chemin. Enfin, après avoir passé la chaîne de *l'Oural*, ils arrivaient dans la *Steppe des Kirguises* et des *Kalmouks.* Là était, dans la contrée *Sémipalatna*, un asyle religieux, dont les habitants étaient des prêtres *Argippéens* ou *Kalmouks*.

Quoique Hérodote ne nous donne point de détails précis sur le but qui pouvait faire entreprendre, à ces caravanes, un voyage d'un aussi long cours, il est probable que c'était dans ces contrées que les caravanes de l'Occident rencontraient celles de l'Orient, et que s'effectuait l'échange de leurs marchandises. Il est d'ailleurs hors de doute que les *Grecs* ne connussent fort bien les *Issédons* et les *Massagètes*, ainsi que leurs mines d'or [1].

Les communications commerciales, plus ou moins

---

[1] Peut-être les Grecs fixés au voisinage du *Pont-Euxin* avaient-ils en effet quelques notions sur l'emplacement de ces peuples et sur les productions naturelles de leur pays. Mais il est douteux que ces connaissances aient jamais pénétré dans la Grèce proprement dite, ou du moins on ne trouve guère de renseignements précis à cet égard, dans les écrivains de l'antiquité. R.-R.

problématiques, des ports de l'*Euxin* avec la *Bactriane* et les *Indes*, par le *Cyrus*, l'*Araxe*, la *mer Caspienne* et l'*Oxus*, ayant été établies plus tard, et n'appartenant pas d'ailleurs à notre sujet, on se contentera d'observer, qu'il faut bien que la navigation de la *mer Caspienne* ait eu lieu déjà du temps d'Hérodote, puisque cet auteur en détermine la longueur et la largeur, qu'il partage en autant de journées de navigation.

Les nombreuses relations d'*Olbia* avec d'autres villes et colonies grecques, tant d'*Asie* que d'*Europe*, sont constatées par les monnaies d'*Athènes*, de l'île d'*Eubée*, de la *Béotie*, de la *Macédoine*, de la *Thrace*, de la *Tauride*, de la *Paphlagonie*, du *Pont*, etc., que l'on rencontre, parmi celles d'*Olbia*, dans les ruines de cette ville, surtout dans le *Liman du Boug*, lorsque les vents d'ouest, en refoulant les eaux du fleuve, facilitent les recherches que font les paysans des environs dans la vase produite par les terres éboulées qui faisaient jadis partie de la ville, et qui s'écroulent successivement avec ce qu'elles recèlent dans leur sein.

Un *pséphisme* ou décret, émané du conseil et du peuple d'*Olbiopolis*, par lequel une couronne d'or est décernée à l'Archonte Éponyme Théoclès fils de Satyrus, mort avant l'expiration du terme de ses fonctions, cite en même temps les villes, en relation à cette époque avec *Olbia*, qui honorèrent alors, ainsi que les *Olbiopolites*, la mémoire de Théoclès, en lui décernant, de leur côté, chacune une couronne semblable [1]. Cette

---

[1] C'est cette inscription que nous avons publiée, *Antiquités*

inscription paraît, par ses caractères, dater du dernier siècle avant notre ère, et par sa teneur, être antérieure à la grande irruption des *Gètes* qui saccagèrent vers cette époque, comme il est dit plus haut, toutes les villes grecques de l'*Euxin*, depuis *Olbia* jusqu'à *Apollonie*. Elle nous prouve, qu'alors déjà, les relations commerciales des *Olbiopolites* étaient plus circonscrites, et devaient, à peu près, se réduire à celles qu'ils conservaient avec les villes situées sur la *Propontide* et l'*Euxin*, à l'exception de *Milet*, leur métropole, et qu'elle cite dans l'ordre suivant :

Héraclée, *Tomi*, *Milet*, *Chersonnèse*, *Nicomédie*, *Byzance*, *Pruse*, *Istrus*, *Cysique*, *Bospore* (ou *Panticapée*), *Nicée*, *Amasie* [1], *Odessus*, *Callatia*, *Tyra*, *Sinope*; et enfin *Pana*, qui paraît avoir été une ville de la dépendance des *Byzantins*, si toutefois l'inscription ne contenait pas, par une faute de l'ouvrier ou du copiste, ΤΙΑΝΩΝ, au lieu de ΠΑΝΩΝ; ce qui est assez vraisemblable [2].

Du temps du rhéteur Dion, on trouvait dans le voisinage d'*Olbia* (probablement sur la rive gauche du *Liman* du *Borysthènes*, comme aujourd'hui), beaucoup de sel, qu'achetaient plusieurs nations barbares, et aussi

---

grecques du Bosphore, page 146 et planche XII. Nous sommes obligés de renvoyer le lecteur à cet ouvrage, pour les détails relatifs à *Olbia* et aux villes nommées dans ce décret. R.-R.

[1] J'ai montré, à ce qu'il me semble, qu'il fallait lire *Amastris*, page 164. R.-R.

[2] Cela est incontestable ; voyez dans notre ouvrage précédemment cité, page 154. R.-R.

les *Grecs* et les *Scythes*, qui habitaient la *Chersonnèse-Taurique*.

Le poisson, dont on rencontre si fréquemment l'emblême sur les médailles d'*Olbiopolis*, devait constituer un article de commerce très-lucratif pour les habitants de cette ville.

Suivant Dion, les *Olbiopolites*, vivant au milieu des barbares, ne s'occupaient guère de littérature. Le grec qu'ils parlaient et qu'ils écrivaient, se ressentait de la barbarie de ce voisinage; ce que témoignent la plupart de leurs inscriptions, qui offrent un mélange corrompu de différents dialectes. Ils avaient adopté le calendrier athénien [1], pendant qu'à *Panticapée*, on suivait celui des *Macédoniens*. Leur lecture favorite et habituelle était Homère; quelques-uns d'entre eux étudiaient Platon. Suidas cite un *Posidonius* d'*Olbiopolis*, sophiste, historien et géographe, comme ayant continué l'histoire de Polybe. Le scholiaste de Denys le géographe, ou Périégète, cite *Ménandre* le *Borysthénite*.

Le cynique Bion, d'abord disciple de Cratès, ensuite de Théophraste le péripatéticien, était de la ville des *Borysthénites*, la même qu'*Olbiopolis*. Sectateur de l'im-

---

[1] Ce que constate le *Pséphisme* de Théoclès, daté du mois de Boëdromion. (Note de l'auteur.)

Cette induction n'est point aussi solide que le pense notre auteur. Il est plus probable que le calendrier de cette ville et des autres colonies grecques du *Pont*, offrait un mélange de mois grecs, macédoniens, asiatiques et indigènes. Nous en avons la preuve par une inscription d'*Olbia*, publiée dans nos *Antiquités grecques du Bosphore*; voyez planche V, n° 2, et page 24 de cet ouvrage. R.-R.

pie Théodore, dont il débitait l'abominable doctrine, ce sophiste, d'un caractère inconstant, a cependant laissé des maximes excellentes, que nous a conservées Diogène Laërce, ainsi que ses bons mots.

Les *Olbiopolites* récitaient l'Iliade par cœur, et en chantaient les vers en allant au combat. Ils vouaient à Achille une si grande vénération, qu'ils lui avaient élevé des temples, et célébraient de temps en temps des jeux en l'honneur de ce héros, à qui ils donnaient la dénomination de ΠΟΝΤΑΡΧΗΣ, qui revient à celle de chef, ou de *dominateur du Pont-Euxin*, auquel ils présentaient des offrandes (ΧΑΡΙΣΤΗΡΙΑ), et en honneur duquel ils célébraient des jeux, ainsi que le prouvent deux inscriptions, conservées, l'une en original et l'autre en copie, dans mon cabinet à *Odessa* [1].

Parmi les temples érigés par les *Olbiopolites* à différentes divinités, celui qu'ils avaient dédié à Jupiter leur servait en même-temps, à ce que nous apprend Dion Chrysostôme, de lieux d'assemblée, toutes les fois qu'il s'agissait de traiter des affaires de l'État.

La célébration des Dionysiaques, ou des mystère de Bacchus, dont parle Hérodote à l'article du Roi scythe Scylès, constate l'existence d'un temple de ce dieu. L'his-

---

[1] Nous avons en effet trouvé ce titre de ΠΟΝΤΑΡΧΗΣ donné à Achille, dans deux inscriptions publiées, l'une par Clarke, *Travels*, tome 1, page 621, l'autre par nous-même, *Antiquités grecques du Bosphore*, planche V, n° 2, page 15 ; mais la mention de ces *offrandes* et de ces *jeux* célébrés en l'honneur d'Achille, est neuve et ne peut qu'ajouter au désir de voir bientôt paraître les curieux monuments qui la renferment. R.-R.

torien que nous venons de citer, fait mention d'un temple de Cérès, situé sur le promontoire d'*Hippoléon*, plus bas qu'*Olbia*, sur la rive opposée du *Boug*. L'autel, ou trépied, avec les bonnets des Dioscures, que l'on remarque sur les médailles de cette ville, atteste le culte que ses habitants rendaient à Castor et à Pollux [1]. La porte appelée l'*Epidaurienne*, dont nous parlerons dans un autre article, semblerait indiquer la proximité d'un temple consacré à Esculape par les *Olbiopolites*: ce que paraît confirmer un bas-relief d'*Olbia*, représentant un sacrifice à ce dieu.

Apollon *Ithypore*, ou de la voie droite, attribution d'Apollon *Archégète*, fondateur et conducteur, ou guide de tout établissement colonial chez les *Grecs*, avait un temple à *Olbiopolis*, dont une inscription, conservée à *Nicolaëf*, et qui parle de sa restauration, démontre l'existence [2].

Quant à la partie des beaux-arts, les débris d'architecture qui sont parvenus jusqu'à nous, joints à quelques bas-reliefs et statues mutilées d'un beau style; et encore plus, les nombreux ouvrages en terre cuite, dont quel-

---

[1] A moins qu'il ne faille voir, dans cet emblême propre à *Dioscurias*, un indice des rapports de commerce qui existaient entre cette ville et *Olbiopolis*; ce qui me paraît plus probable. On retrouve de même, sur la monnaie d'*Olbiopolis*, presque tous les types ou symboles particuliers aux principales villes du *Pont*, avec lesquelles elle entretenait des relations commerciales. R.-R.

[2] L'auteur veut probablement parler ici de cette inscription fruste, publiée par M. Waxel, planche I, n° 1, et que nous avons reproduite, pl. VII, n° 5, de nos *Antiquités grecques du Bosphore*. R.-R.

ques morceaux sont d'un travail admirable, prouvent que les *Olbiopolites* n'étaient pas restés, à cet égard, en arrière des autres colonies de la *Grèce*, en *Asie* et en *Europe*. La plupart de leurs monnaies peuvent, sous le rapport de l'art, soutenir le parallèle avec celles d'un grand nombre de villes grecques, à l'exception néanmoins de celles de la *Sicile*, et de quelques villes de la *grande Grèce*. Pour ce qui regarde la glyptique, s'il fallait en juger par une cornaline trouvée dans les ruines d'*Olbia*, que je possède, et qui représente, en creux, la Fortune avec ses attributs, les Pyrgotèles d'*Olbiopolis*, si toutefois cette pierre était sortie de ses ateliers, devaient céder le pas au dernier des potiers de cette ville, dont les artistes étaient d'ailleurs fort habiles dans la composition et le travail de différentes sortes de verreries et d'émail, parmi lesquelles il se trouve une composition semblable à celle que nous appelons vulgairement *purpurine*.

Aucun auteur ancien ne nous offrant des lumières à l'égard du mode d'administration adopté par les *Olbiopolites*, nous sommes obligés d'en rechercher les traces dans les inscriptions de cette ville, dont les décrets particuliers, ou pséphismes, émanaient du conseil, et du peuple : Η ΒΟΥΛΗ ΚΑΙ Ο ΔΗΜΟΣ.

Il paraît que les *Archontes*, dont différentes inscriptions nous offrent les noms, étaient en fonction au nombre de cinq, desquels le premier donnait, comme *Éponyme*, son nom aux fastes de la ville. Dans les inscriptions (ΕΠΙΓΡΑΜΜΑΤΑ), qui accompagnaient les offrandes (*ex voto*, ΧΑΡΙΣΤΗΡΙΑ et ΑΝΑΘΗΜΑΤΑ), il est le plus souvent question de *Stratèges*, ordinairement au nombre de *cinq*, dont quatre se trouvaient de même subordonnés au premier, et qui consacraient à Apollon Protecteur, peut-être à la suite de quelque combat dont ils étaient sortis victorieux, peut-être aussi à l'occasion de quelque autre évènement, un *collier d'or*, ou une *statue de la Victoire* du même métal, quelquefois avec une base d'argent, en action de grace pour le maintien de la prospérité de la ville, et pour leur propre conservation. Ces *Stratèges* étaient des chefs militaires, dont les attributions, à ce qu'il paraît, s'étendaient aussi dans certains cas sur le civil.

Le pséphisme des *Olbiopolites* en honneur d'un citoyen nommé Protogène, inscription, que je serai obligé de citer chaque fois que les détails qu'elle renferme viennent à l'appui d'un point de l'histoire d'*Olbiopolis* que je cherche à établir [1], offre comme indication, ou date chronologique des faits qu'il rapporte, le temps où étaient *Sacrificateurs*, premièrement Hérodore, ensuite Plistarque. Il parle aussi, après les Archontes, *des Sept* (ΟΙ ΕΠΤΑ, ou *Septemvirs*), qui apparemment devaient former un comité d'autant de membres, dont les attributions nous sont inconnues.

Une collection d'anses de *Diotas* [2] brisés, avec des

---

[1] Cette inscription paraît être du plus haut intérêt : il faut espérer que M. de Blaramberg ne nous en fera pas long-temps attendre la publication. R.-R.

[2] Vases à deux anses.

inscriptions, que j'ai recueillies, présente un assez grand nombre de noms d'*Astynomes*. Nous ignorons jusqu'à quel point l'autorité de ces magistrats répondait à ce nom [1], ou si leurs fonctions étaient semblables à celles des *Astynomes* à *Athènes*, qui avaient l'inspection des joueuses d'instruments. Il est très probable que leurs attributions répondaient à celles des édiles curules de *Rome* [2].

Une inscription, gravée sur une table de marbre que je conserve, constate l'existence à *Olbia* de ces préposés aux marchés publics appelés *Agoranomes*, qui, au nombre de quatre, consacrent à *Hermès*, ou Mercure *des marchés* (ΕΡΜΕΙ ΑΓΟΡΑΙΩ), une *statue d'argent de la Victoire* [3].

Les actes que suggère un généreux dévouement patriotique, n'étaient point étrangers aux *Olbiopolites*. Leurs *Pséphismes* nous retracent les vertus civiques des Théoclès, des Héroson et des Protogène, et nous présentent un tableau des sacrifices que ce dernier fit à la patrie, digne de l'admiration de la postérité. Ils perpétuent en même temps la reconnaissance des *Olbiopolites* envers ces dignes citoyens, et les honneurs qu'ils décernaient, comme par acclamation, à la vertu.

---

[1] Composé d'ἄςυ, ville, et de νόμος, loi ou administration.

[2] Leur inspection sur les métiers est constatée par les ouvrages en poterie, sur lesquels on trouve leurs noms.

[3] Voyez cette inscription dans nos *Antiquités grecques du Bosphore*, planche VII, n° 1, et page 200. R.-R.

La couronne d'or, décernée d'après un autre pséphisme, au jeune Dadus fils de Toumbagus, après sa mort et au moment de son convoi funèbre, par le conseil et le peuple d'*Olbia*, nous fournit une preuve du prix que les *Olbiopolites* attachaient aux qualités morales et intellectuelles, même avant leur entier développement [1].

Un décret des *Byzantins* nous transmet les louanges que méritèrent les citoyens d'*Olbia*, Ababus et Orontès son fils, ainsi que les honneurs décernés par le conseil et le peuple de *Byzance* à Orontès.

On trouve dans Macrobe, qu'un Zopyrion [2], ayant mis le siége devant *Olbia*, les citoyens ouvrirent leurs livres civiques, et accordèrent le droit de bourgeoisie aux esclaves et aux étrangers.

Le *Pséphisme* de Protogène parle de la destruction récente, que les barbares avaient faite, des esclaves et des étrangers, appelés dans l'inscription: *Mixellènes*, (ΜΙΞΕΛΛΗΝΑC), et qui, établis près des hauteurs qui avoisinent la ville d'*Olbia* [3], s'étaient joints aux citoyens pour la défendre. Cette contrée était habitée, déja du temps d'Hérodote, par des *Grecs* étrangers, qui

---

[1] C'est encore là une de ces inscriptions inédites, dont il est bien à souhaiter que la publication ne soit pas long-temps différée. R.-R.

[2] Peut-être le même Zopyrion, général d'Alexandre, dont il est fait mention dans Quinte-Curce et dans Justin, et qui commandait en *Thrace*.

[3] Probablement la partie située au sud-ouest de la ville, au-dessus des jardins potagers, de la source d'eau, et de la pêcherie, marqués sur le plan L. G. I.

finirent par se mêler avec les Scythes, en contractant alliance avec des femmes de cette nation. *Après le port des Borysthénites*, dit cet auteur, *les premiers peuples que l'on rencontre sont les Callipides, qui sont des Gréco-Scythes.* Les *Callipides* s'étendaient, du temps de Méla, jusqu'au fleuve *Axiace*, qui paraît être le *Téligoul*, lequel aujourd'hui ne forme plus qu'un *Liman*, ainsi que le *Bérésan*, qui est le *Rhodan* ou *Rhodus* de Pline.

Le tableau de l'état de détresse et de pénurie qui régnait à *Olbia*, et celui du délabrement des ouvrages de défense de cette ville à l'époque de l'inscription que nous venons de citer, cadre parfaitement avec la description de Dion, et semble ne pas être postérieure de beaucoup au discours de cet auteur, qui, vers le commencement du règne de l'empereur Trajan, trouva les maisons d'*Olbia* éparses et ne formant plus de rues, les murs bas et faibles, les tours fort éloignées des habitations actuelles, les temples et les monuments n'offrant que des statues mutilées et dégradées.

L'inscription, en l'honneur de Protogène fils d'Héroson, dont il est question plus haut, fait mention de la reconstruction, aux frais de ce généreux citoyen, de deux tours dont on voit encore aujourd'hui les vestiges et d'une partie des murailles de la ville [1] ; il est ques-

---

[1] Le bas de ces deux tours, dont l'une est appelée dans l'inscription *Cathétor* et l'autre *Posios*, existait encore il y a quelques années ; mais les matériaux de la maçonnerie qui en formait le contour, ayant été enlevés successivement et employés à la construction de différentes maisons de paysans, il ne reste plus que l'amas

tion, au même endroit, d'une porte appelée *Amaxitos*, ou des chariots, et d'une autre nommée l'*Épidaurienne*, apparemment à cause de la proximité d'un temple d'Esculape, comme il est dit plus haut.

La harangue de Dion Chrysostôme, intitulée : *Oratio Borysthenitica*, débute par un voyage à *Olbia*, ou à la ville des *Borysthénites*; au sujet de laquelle il nous transmet, entre autres détails, la conversation qu'il eut avec deux habitants de cette ville, dont l'un paraît avoir été *Stratege* ou *Astynome*, et l'autre avoir rempli de même quelqu'emploi de distinction dans la magistrature d'*Olbia*. Il appèle le dernier, *qui paraissait avoir beaucoup d'autorité parmi ses concitoyens*, *Rhoson* ou *Héroson*. Or, indépendamment d'une autre inscription, où il est question d'un Héroson, (ΗΡΟΣΩΝ), *Archonte*, notre *Pséphisme* fait mention des services qu'Héroson, père de Protogène, avait rendus à la ville, tant sous le rapport du fisc, que dans d'autres affaires d'État.

En admettant l'identité de cet Héroson dont parle le rhéteur Dion, avec celui dont il est question, probablement après sa mort, dans le *Pséphisme* en l'honneur de son fils (ce qui ne semblera pas trop hasardé à ceux qui compareront exactement les circonstances et les détails contenus dans le discours de Dion, avec ceux que renferme notre inscription), on serait fondé à assigner

---

de terre auquel ces pierres servaient de revêtement, et qui forment deux espèces de *tumulus* énormes, marqués D et D sur le plan. On rencontre dans le voisinage d'*Olbiopolis* quantité de *tumulus* : ce qui a fait donner, pendant quelque temps, au village actuel, le nom de *Sto-moghils*, сто могилъ, ou de *cent tertres funéraires*.

à cette même inscription, l'époque du règne des Antonins. Antonin le pieux donna aux *Borysthénites* des secours, à l'aide desquels ils forcèrent leurs ennemis à demander la paix et à leur livrer des ôtages. Julius Capitolinus, duquel nous tenons ce fait, ne nomme en cette occasion que les *Tauro-Scythes*; mais il paraît que les *Galates-Scordisques* [1], mêlés avec plusieurs autres peuplades barbares qui habitaient la *Sarmatie européenne*, formèrent une alliance avec les *Scires*, qui acheva la ruine d'*Olbia*. Il y a apparence que ces mêmes *Galates* avaient saccagé, peut-être un demi-siècle auparavant, la ville d'*Istrus*, fondée en même-temps qu'*Olbia*, et dont on ne connaît point de médailles impériales [2].

Notre *Pséphisme* parle de cette alliance des *Galates* avec les *Scires*, dont les *Olbiopolites* redoutaient dèslors les fâcheux effets. Les *Scires* (ΣΚΙΡΟΙ) appartenaient, selon Jornandès, à la race des *Alains*. Ces peuples nomades, après avoir succédé, dans nos provinces du midi, aux *Sarmates-Jadsyges*, passés en *Hongrie* sous

---

[1] Les *Galates-Scordisques*, ainsi que les *Taurisques*, étaient, d'après Strabon, d'origine celtique. Ces peuples, entremêlés avec les *Bastarnes*, les *Scythes-Hippomolgues* et *Galactophages*, les *Hamaxobii*, occupèrent pendant quelque temps l'étendue du pays qui se prolonge le long du *Pont-Euxin*, depuis le *Danube* jusqu'à l'embouchure du *Borysthènes*. La contrée formant une espèce de langue de terre, située entre le golphe de *Carcinite* ou de *Tamyrace*, et l'embouchure du *Dniéper*, au nord-ouest de la *Chersonnèse-Taurique*, était peut-être occupée par les *Tauro-Scythes* dont il est question dans Julius Capitolinus.

[2] Les monnaies d'*Olbia* deviennent impériales sous Septime-Sévère; celles qui existent d'*Istrus* sont toutes autonomes.

le règne de Trajan, furent eux-mêmes expulsés de ces contrées par les *Goths*[1], qui, vers la fin du IIIe siècle, construisirent des vaisseaux sur le *Dniester* et sur le *Dniéper*, à l'aide desquels ils étendirent leurs ravages jusque dans l'*Asie-Mineure*. Depuis, il n'est guère plus question des villes grecques du *Tyras* et du *Borysthènes*. car ce que disent d'*Olbia*, Ammien Marcellin (qui parle aussi de *Théodosie* comme d'une ville encore existante de son temps), Etienne de *Byzance*, Procope et Jornandès, est évidemment copié sur des relations antérieures à ces auteurs.

En nous en rapportant à la chronologie d'Eusèbe, la fondation d'*Olbia* daterait, comme il est dit plus haut, de la seconde année de la 31e Olympiade, conséquemment de 655 ans avant notre ère.

Si d'un autre côté on supposait, que comme Scylax de *Caryande* ne parle point, dans son *Périple*, d'*Olbiopolis*, cette ville ne devait pas encore exister dans le temps de l'expédition de Darius en *Scythie*, il faudrait

---

[1] On voit déja au commencement du troisième siècle paraître les *Goths* sur les côtes de la *Mer-Noire* et de la *mer d'Azof*. Isidore, *Chron. Gothorum*.

Voyez à l'égard des différents peuples Nomades qui ont occupé successivement les contrées situées entre le *Danube* et le *Borysthènes*, l'ouvrage sur l'*Histoire primitive des peuples de la Russie*, par M. le comte Jean Potocki : résultat précieux de recherches laborieuses de ce docte investigateur de l'antiquité, duquel sont empruntés plusieurs détails insérés dans cette notice, quoique j'aie cru devoir différer d'opinion avec lui relativement à la non-existence d'une ville, ou d'un bourg, sur l'emplacement du port d'*Odessa* d'aujourd'hui. Voyez l'*Avant-propos*.

d'abord établir, que Scylax de *Caryande*, auteur du voyage autour du monde, ait été le même que celui qui vivait du temps de Darius fils d'Hystaspe; ce qui ne s'accorde pas avec les relations que ce périple contient, vû qu'en faisant mention de l'Athénien Callistrate, qu'on sait avoir vécu long-temps après Darius d'Hystaspe, il parle de la ville de *Daton* en *Thrace*, bâtie par cet athénien pendant son exil sous le règne de Darius-Nothus. En conséquence, nous nous croyons fondés à nous arrêter, relativement à la fondation d'*Olbia*, à la date chronologique que nous venons de citer.

L'époque où cette ville finit d'exister, ou au moins celle où les *Grecs* la quittèrent pour la seconde et dernière fois, est indiquée en quelque façon par ses monnaies, qui, devenues impériales sous le règne de Septime-Sévère [1], ne paraissent plus après celles de Sévère-Alexandre et de sa mère Julie-Mammée; ce qui est, en quelque sorte, démontré par le grand nombre de médailles que j'ai eues sous les yeux depuis dix ans que je m'occupe de la collection que j'en ai formée à *Odessa*, indépendamment de celles qui ont été recueillies successivement par d'autres amateurs, et qui existent dans différents cabinets connus. Cela posé, on pourrait assigner à cette célèbre ville de commerce, à travers diverses vicissitudes, la durée de près de neuf siècles, et

---

[1] Une médaille d'*Olbia*, qui a été attribuée à Domitien d'après une inexactitude évidente (V. Sestini, *Nouvelles Lettres numismatiques*, tome VI, page 35, table III, figure 22), est une médaille autonome, décrite sous le n° 157 de mon catalogue.

une prospérité soutenue jusqu'à l'époque du sac de cette ville par les *Gètes* ou *Daces*, environ six siècles après sa fondation. Les *Grecs*, attirés depuis par les avantages que leur offrait la position d'*Olbiopolis*, s'y établirent de nouveau; mais il paraît, par la relation de Dion Chrysostôme, et par les inscriptions de cette ville, qu'ils ne purent jamais la rétablir dans sa première splendeur.

Le *Pséphisme* de Protogène fait mention d'un roi barbare appelé Sétapharne (ϹΑΙΤΑΦΑΡΝΟΣ), dont les *Olbiopolites* étaient tributaires. Dion parle d'un fort, qu'il nomme *Alector*, et qu'on lui avait dit appartenir à la femme du roi des *Sarmates*. Ce fort, d'après la description qu'il fait du lieu où il existait, devait occuper l'emplacement de la batterie d'*Hassan-Pacha* à *Otchakof*.

La rare et précieuse médaille [1], n° 202 de mon catalogue, dont je possède trois exemplaires de différents coins dans mon cabinet, prouverait que le roi Scilurus [2], vaincu depuis par Diophante, général de Mithridate, avait obligé les *Olbiopolites* à battre monnaie à son effigie. Il paraîtrait aussi que ce chef des *Scythes-Tauriens*, fut le fondateur de l'ancienne *Palacium* dans la *Chersonnèse - Taurique* [3], ainsi que de la forteresse, ou port fortifié de *Chavum* (ΧΑΥΟΝ), qui paraît avoir existé sur le sol où les *Génois* s'établirent

---

[1] Nous l'avons publiée dans nos *Antiquités grecques du Bosphore*, planche 1, n° 9, et page 98. R.-R.

[2] On trouve quelques détails sur ce roi dans Plutarque et dans Strabon.

[3] Nommée ainsi d'après le nom de son fils Palacus.

au xve siècle, dans la ville de *Caffa* moderne, laquelle n'offre d'ailleurs aucun indice qui appuie la supposition que l'ancienne *Théodosie* ait été située sur le même emplacement, et où l'on ne trouve même rien qui puisse faire conjecturer l'existence d'une ville antique [1].

---

[1] « Censet tamen dominus Samson, *Theodosiam* fuisse olim quæ « nunc *Tusla* apellatur; *Caffam* verò fuisse *Chavum*, ubi *Tauro-* « *Scytharum* portus, et crevisse ex *Theodosiæ* ruinis a quâ triginta « milliaribus distat. » Lequien, *Orbis Christian.* Tome III, page 1103.

D'après Mélétius, *Caffa* aurait été bâtie des matériaux tirés des ruines de *Théodosie*, dont elle était éloignée, vers l'occident, de trente milles.

FIN DE LA NOTICE SUR OLBIA.

CATALOGUE

D'UNE COLLECTION

DE MÉDAILLES D'OLBIA.

Les médailles autonomes d'*Olbia* n'admettant point de classification par ordre chronologique, vû l'absence de l'indication d'une ère d'après laquelle il aurait été possible de déterminer l'époque de leur fabrication, on n'a pu suivre cet arrangement qu'avec le petit nombre de médailles impériales de cette ville, qui sont parvenues jusqu'à nous : les *Olbiopolites* n'en ayant fait frapper, selon toute apparence, que pendant l'espace d'environ quarante ans[1]. Il a fallu se borner, dans la classification des premières, aux inductions qu'offraient, sous le rapport de l'art monétaire et de son mécanisme, les médailles qu'on a cru devoir placer à la tête de ce catalogue, d'après leur épaisseur et d'autres indices, sans toutefois pouvoir assigner à leur fabrication une époque fixe[2].

---

1. Depuis Septime-Sévère jusqu'à Sévère-Alexandre, inclusivement.

2. Il passe pour certain que le métal a commencé à recevoir la

La médaille du N° I. offrant, pour type principal, la tête d'Apollon, patron des *Milésiens* et des *Olbiopolites*, et au revers, un aigle déchirant un poisson; on a adopté, pour éviter les hypothèses vagues auxquelles on aurait été dans le cas de se livrer, en cherchant à établir un ordre chronologique fondé sur des conjectures hazardées, et en même temps pour introduire plus d'uniformité dans cette classification, la méthode de ranger ces médailles par ordre de revers, en continuant par celles, sur lesquelles se trouvent figurés l'oiseau sur le poisson, ensuite l'oiseau seul; puis le poisson, d'abord seul, et après avec d'autres symboles, et ainsi de suite.

---

forme de monnaie dans la première Olympiade, ainsi bien long-temps avant la fondation d'*Olbia*.

MÉDAILLONS ET MÉDAILLES

QUI PARAISSENT AVOIR PLUTOT SERVI DE TESSÈRES QUE DE MONNAIES.

I. Tête de Méduse, ou larve de Furie, de face, tirant la langue, le front ombragé de plusieurs mèches de cheveux flottantes.

R. Aigle sur un poisson, à droite, les ailes éployées, et semblant enlever sa proie; autour du type, les lettres : A. P. I. X................Æ. 18.

II. Masque, de face, tirant la langue.

R. Aigle éployé, à droite, déchirant un poisson.Æ. 11.

III. Même masque, la bouche entr'ouverte.

R. Aigle éployé, à gauche, déchirant un poisson; dans le champ : ..BIO...............Æ. 11.

IV. Tête d'une divinité, en face, avec un collier au cou.

R. Aigle, les ailes éployées, assis sur un dauphin, à gauche, tournant la tête à droite; au-dessus O...., dessous la lettre Δ............Æ. 18.

V. Masque, le haut de la tête entouré de petits globules.

R. Aire ronde, en creux, divisée en quatre parties, par autant de poissons disposés en croix; dans chaque intervalle, une des quatre lettres suivantes : A. P. X. I....................Æ. 8.

3.

VI. Tête laurée d'Apollon, à gauche, au milieu d'un cercle formé par quatre poissons.

R. Aire ronde, divisée en quatre parties par autant de poissons [1] .... Æ. 12.

MÉDAILLES AUTONOMES

EN OR ET ELECTRUM.

a. Tête laurée d'Apollon, à gauche.

1. On a joint ici la figure des petits poissons en bronze (VII et VIII), qui peuvent de même avoir servi de Tessères aux *Olbiopolites*, et sur lesquels se trouvent les mêmes lettres mystérieuses que celles que l'on rencontre sur les médaillons décrits plus haut.

On sait que les Tessères étaient des signes de reconnaissance, pour être introduit dans un lieu particulier, ou pour avoir part à de certaines distributions. (*Note de l'auteur.*)

Il suffit de jeter les yeux sur ces médailles, en les rapprochant des deux Tessères en forme de poissons, n°⁵ VII et VIII, pour être convaincu du peu de solidité des conjectures par lesquelles M. Sestini a tout récemment attribué à l'*île Achillea* ou *Leucé*, deux des médailles décrites précédemment, n°⁵ I et V, et quelques autres semblables; voyez ses *Nouvelles lettres numismatiques*, tom. IV, pag. 40. Le seul fondement, tant soit peu probable de son opinion, était la légende AXIA, qu'il rapportait à cette *Achillea*. Les médailles et les Tessères de M. de Blaramberg, qui offrent cette légende tout différemment: APIX, avec le nom des *Olbiopolites* et les types les plus fréquents sur leur monnaie autonome, renversent absolument cette attribution, indépendamment du peu de vraisemblance qu'il y avait déjà à donner de la monnaie à une petite île qui, non-seulement ne forma jamais un état, mais qui paraît même avoir été toujours inhabitée. R.-R.

R. Dauphin, à gauche; dessous OΛ¹ . . . . AV. 2.
(Fabrique ordinaire.)

b. Deux épis et une tête de poisson.
R. Aire en creux, très-informe, divisée en quatre parties irrégulières² . . . . AV. 2.
(Fabrique antique.)

c. Tête laurée imberbe, à gauche; derrière, un épi.
R. Aire carrée en creux, divisée en quatre parties . . . . AV. 2. ? ³.
(Fabrique antique.)

d. Masque tirant la langue; dessous, un poisson.
R. Aire en creux carrée, divisée en quatre parties informes . . . . ELECT. 2. ?.
(Fabrique antique.)

MÉDAILLES AUTONOMES

EN ARGENT.

aa. Tête laurée d'Apollon, à gauche.
R. Dauphin, à gauche . . . . AR. 3.

---

1. Voyez, parmi les médailles en bronze qui suivent, les nᵒˢ X, XIV, XVI, où l'on trouvera des types à peu près semblables.
2. Cette médaille est, ainsi que la suivante, du nombre de celles, auxquelles on donne le nom de médailles paléographiques.
3. Le signe d'interrogation désigne les médailles, qui, quoique trouvées dans les ruines d'*Olbia*, peuvent appartenir à d'autres villes. Dans l'incertitude, on n'a pas cru devoir les omettre ici.

bb. Tête d'Hercule imberbe, couverte de la peau de lion, à gauche.

R. OΛBI. Coryte et arc; dessous : NI.....AR. 4.

cc. Tête tourrelée, à droite.

R. Homme, tirant de l'arc[1]..............AR. 3.

dd. Tête laurée d'Apollon, à droite, contremarquée d'une petite tête de Minerve.

R. OΛBIO. Arc, auquel est attachée une flèche. AR. 3.

ee. Même tête, sans contremarque.

R. OΛBI. Même type; au-dessous les lettres : ΠΑΣ...........................AR. 3.

ff. Tête laurée d'Apollon, entourée d'un cercle composé de petits globules, et contremarquée d'une petite tête de Minerve.

R. OΛBIO. Lyre................AR. 4.

gg. Même tête, avec la même contremarque.

R. OΛBIO. Lyre, et dans le champ : ΠA..AR. 4.

hh. Même tête et même contremarque, avec une seconde contremarque, offrant la tête radiée d'Hélios.

R. OΛBIO. Lyre; dans le champ : ΠA; dessous, le monogramme (1)[2]................AR. 4.

ii. Tête d'Apollon, à droite, d'un caractère différent, avec la même contremarque.

R. Lyre, et dans le champ : ΠA; plus bas Υ, et le monogramme (2)..................AR. 4.

kk. Masque, ou tête de Méduse.

---

1. Voyez plus bas les médailles en bronze, classées sous les n° XXIV.
2. Voyez la table des monogrammes, jointe à ce catalogue.

R. Aire en creux, avec un contour saillant, formant une figure irrégulière.............AR. 2. ?
II. Tête de Pallas casquée, à droite.
R. Tête à deux faces juvéniles........POTIN. 3. ?

MÉDAILLES AUTONOMES

EN BRONZE,

CLASSÉES PAR ORDRE DE REVERS.

I.

1. Tête laurée d'Apollon, à droite.
R. ΟΛΒΙΟ, ΒΣΕ. Aigle, à droite, sur un dauphin, ou autre poisson....................Æ. 4.
2. Même tête, avec une petite tête radiée du dieu Hélios en contremarque sur le type.
R. Même type, et même légende..........Æ. 4.
3. Tête laurée d'Apollon, à droite.
R. H, ΟΛΒΙΟ, ΒΣΕ. Aigle, à gauche, sur un poisson........................Æ. 4.
4. Tête d'Apollon, et même type sur le revers, avec ΕΥ...............................Æ. 4.
5. Tête laurée d'Apollon, à gauche.
R. ΟΛΒΙΟ. Aigle, à droite, sur un poisson, la tête inclinée; dessous les lettres : ΝΔΩ.......Æ. 4.
6. Même tête et même type sur le revers, avec ΞΕΝ. Æ. 4.
7. Même tête, à gauche.

R. ΟΛΒΙΟ. Aigle, à gauche, sur un poisson;
dans le champ, la lettre A................Æ. 3.

8. Tête d'Apollon, à droite.

R. ΟΛΒ... Aigle sur un poisson, à gauche;
dessous ΠΟΣΕ......................Æ. 4.

9. Même tête, à droite; dans le champ, une lyre; et sur le type principal, un caducée en contremarque.

R. ΟΛΒΙΟΠΟ... Aigle debout sur un poisson, les ailes à demi éployées, à gauche, et tournant la tête à droite; au dessus : ΝΟΥ; dans le champ, ΕΥ, et la lettre B......................Æ. 4.

10. Même tête, à droite.

R. ΟΛΒΙΟ. Aigle sur un poisson, à gauche; dessous, les lettres ΔΙΟ....................Æ. 4.

11. Même tête, à gauche.

R. Aigle sur un poisson, à droite; dessous : ΚΑΛΛΙ........................Æ. 4.

On croit convenable, afin d'éviter les répétitions, de renvoyer aux planches de ce recueil pour les autres médailles de cette catégorie, rangées sous les n°s 12, 13, 14, 15, 16, 17, 18, 19, 20 et 21, représentant toutes, avec différentes variations dans l'agencement de la chevelure, la tête d'Apollon, quelquefois diadémée, ou laurée, tantôt à cheveux longs, en qualité d'*acersicomes*, ou d'*intonsus*, et tantôt les cheveux relevés; et au revers, l'oiseau dans diverses positions sur le poisson.

II.

22. Tête laurée d'Apollon, à droite.

R. Aigle éployé, sur un poisson, avec les lettres ΛΛ, précédées du monogramme (3).......Æ. 8.

23. Tête laurée d'Apollon, à droite; avec les lettres A et Δ, et un caducée ailé, en contremarque.

R. Aigle éployé sur un poisson, avec les lettres IEP, précédées du monogramme (4)....... Æ. 8.

24. ΟΛ ΙΟΠΟΛΕΙ... (sic). Tête d'Apollon; avec un caducée et la lettre Δ en contremarque.

R. Aigle éployé sur un poisson, avec la légende IEP, ΘΕΟ, B, précédée du monogramme (4) : peut-être, APX (ΟΝΤΟΣ) IEP (ΩΝΟΣ) ΘΕΟ (ΚΛΕΟΥΣ TO) B ? Hiéron, fils de Théoclès, Archonte pour la seconde fois ?....................... Æ. 7.

25. ΟΛΒΙΟ.. ΛΕΙ... Tête radiée, ou plutôt laurée, d'Apollon.

R. Le monogramme (4), et TΦC, E. Oiseau à droite, sur un poisson................... Æ. 6.

(Fabrique barbare.)

26. ΟΛΒΙΟΠΟΛΕΙ... Tête laurée d'Apollon.

R. Le monogramme (4), suivi de TΦC, ΠΑ; oiseau, à droite, sur un poisson............. Æ. 5.

(Fabrique barbare.)

27. Tête d'Apollon, à droite.

R. ΟΛΒΙΟ. Aigle debout, à droite, dans une espèce d'aire ronde en creux............... Æ. 4.

(Belle fabrique [1].)

28. .... ΟΠΟΛΕΙ... Tête d'Apollon.

R. Le monogramme (3), et OC.. ωPI, Aigle debout, à droite, sur un poisson........... Æ. 5.

---

1. Cette médaille pourrait appartenir à la première classe des monnaies autonomes d'*Olbia*.

III.

29. Tête cornue et barbue du dieu Pan, vue de trois quarts.

R. ΟΛΒ.. Aigle, à gauche, sur un poisson... Æ. 4.

IV.

30. ΟΛΒΙΟΠΟΛΕ.... Tête laurée d'Apollon, à droite; devant, le coryte ou étui de l'arc.

R. ΠICCICTΡΑΤΟΥ, ΔΑΔΑΚΟΥ. Aigle debout sur un foudre, à gauche, tenant dans son bec une couronne[1]..................Æ. 8.

31. ΟΛΒΙΟΠΟΛ.. ΤωΝ et le monogramme (3). Même tête; dans le champ, un coryte avec l'arc; et en contremarque, un caducée ailé.

R. ΑΔΟΟΥ, ΦΟΥ. Aigle debout sur un foudre, à gauche, se retournant et tenant une couronne dans son bec....................Æ. 7.

32. ΟΛΒΙΟ..... et le monogramme (3). Même tête, avec le coryte, et en contremarque, la lettre H et le caducée.

R. ΑΔΟΟΥ, ΛΕ, ΔΦΟΥ. Oiseau, semblable au précédent et dans la même position..........Æ. 8.

33. Tête d'Apollon, avec les lettres B et H en contremarque, ainsi qu'un épi, ou rameau indistinct : peut-être un foudre?

---

1. Il se trouve une médaille fracturée, du genre de celle-ci, dans le cabinet de S. Exc. le Sénateur Comte Séverin Potocky, amateur éclairé de la numismatique, et possesseur d'une collection de médailles du *Bosphore-Cimmérien*, parmi lesquelles il y en a de très-précieuses par leur rareté et leur belle conservation.

R. ΑΔΟΟΥ, ΑΕ, ΔΦΟΥ. Même oiseau que le précédent........................Æ. 8.

34. ..... ΠΟΛΕΙ. Tête d'Apollon à droite ; devant, un coryte avec l'arc.

R. Θ... ΦΛΑ. Aigle debout sur un foudre, les ailes éployées, tenant une couronne dans son bec. Æ. 7.

V.

35. ΟΛΒΙΟΠ.... Tête virile, à droite ; dans le champ, la lettre A.

R. Aigle, à droite, sur un foudre ; dans le champ, les lettres AN et A....................Æ. 4.

36. ΟΛΒΙΟΠ..... Tête virile, peut-être d'Apollon, à droite ; dans le champ, la lettre ɢ, (sic).

R. Aigle, à droite, regardant à gauche, sur un foudre effacé........................Æ. 5.

VI.

37. Tête tourrelée de femme, à gauche, avec un aigle, les ailes éployées, en contremarque.

R. ΟΛΒΙΟΠΟΛΙΤωΝ, E. Aigle éployé, sur un poisson, à droite, la tête inclinée.............Æ. 7.

38. Même tête, et semblable contremarque.

R. Même type, à ce qu'il paraît, que le précédent, mais fruste........................Æ. [1]

VII.

39. Tête de Jupiter, à droite ; dans le champ, un foudre et la haste.

---

1. La forme oblongue et insolite de cette médaille ne permet point de déterminer le module, auquel elle appartient.

(44)

R. ΟΛΒΙΟΠΟΛΕΙΤΕΩΝ sur deux lignes. Aigle éployé, debout, vu de trois quarts; à droite, le monogramme (5).........................Æ. 4.

40. Tête de Jupiter, à droite; avec un caducée en contremarque sur le col. Ce type est entouré d'un petit cercle incus.

R. ΟΛΒΙΟΠΟΛΕΙΤΩΝ. Aigle éployé, de face, la tête tournée à gauche; dans le champ, ΠΑ..Æ. 5.

41. Tête de Jupiter, à droite, dans un cercle composé de petits globules.

R. ΟΛΒΙΟΠΟΛΕΙΤΕΩΝ. Aigle éployé, debout, vu de trois quarts, regardant à gauche; devant, le monogramme (5); et plus haut, la lettre ⊢⊐ ou H; au bas du type un foudre..................Æ. 4.

42. Tête de Jupiter, à droite; dans le champ, un caducée ailé, faisant partie du type primitif.

R. ΟΛΒΙΟΠΟΛ..... Aigle dans la même position que le précédent, avec un monogramme semblable; au-dessus la lettre Θ [1].............Æ. 4.

VIII.

43. Tête de Pallas, casquée, à droite.

R. Chouette ou duc, sur un poisson, à droite; devant, dans le champ, un aigle éployé, debout sur un foudre. Les autres accessoires sont trop imperceptibles à l'œil et trop indistincts, pour qu'on puisse les déterminer : il paraît néanmoins

---

[1]. D'autres médailles semblables de cette collection, dont on ne donne pas ici le dessin, offrent sur le revers les lettres N, E et Λ, 1.

qu'on a voulu représenter, d'un côté trois épis différents, et de l'autre l'oiseau sur le poisson, que l'on rencontre si souvent sur ces médailles......Æ. 2.

44. Même tête.

R. OΛBIO, BΣE. Chouette, à gauche sur un poisson....................Æ. 1.

45. Même tête.

R. OΛBIO, ΣBE. Chouette, à droite.......Æ. 2.

IX.

46. Tête de femme, semblable à celle de Diane, que l'on rencontre sur d'autres médailles d'*Olbia*, avec le carquois au revers [1] ; une petite tête casquée de Minerve en contremarque sur le type principal, qui est entouré d'un cercle en petits globules.

R. OΛBIO. Oiseau ressemblant à l'ibis, tourné à gauche....................Æ. 3.

X.

47. Tête laurée d'Apollon, à droite, surfrappée d'une tête casquée plus petite; plus bas, en contremarque, la tête du dieu Pan.

R. OΛB.....ΛEI...Poisson refrappé sur l'ancien type; au dessous les lettres ΘΛ, également refrappées....................Æ. 5.

48. Tête casquée de Pallas, à droite.

R. OΛ. Dauphin, à gauche............Æ. 4.

---

1. Voyez les n°s XII, XXXI et XXXII des catégories dans lesquelles les médailles de cette collection sont classées.

XI.

49. Tête barbue de Neptune, à gauche.

R. OΛBI.. Dauphin, à gauche; dessous, les lettres ΦO.... .... Æ. 3.

XII.

50. Tête de femme, à droite, les cheveux agencés de manière à former un nœud sur le sommet de la tête, indépendamment du corymbe, ou nœud sur le cou, qui caractérise ordinairement la coiffure de Diane.

R. OΛBI.. Dauphin, à gauche; au-dessous BA. Æ. 3.

51. Même tête, avec une petite tête casquée en contremarque.

R. OΛBIO. Dauphin, à gauche; au-dessous EP. Æ. 3.

XIII.

52. Tête laurée d'Apollon, à droite; un épi en contremarque sur le type principal.

R. OΛBIOΠOΛI.... Dauphin, à droite[1]....Æ. 4.

53. Tête laurée d'Apollon, à droite; dessous, un poisson à gauche, avec les lettres OΛ.

R. Dauphin, à droite; au-dessus C, le monogramme (6), ensuite TP et Θ; et au-dessous ΘTEMI; le tout entouré de globules.................Æ. 5.

XIV.

54. Tête d'Apollon, à gauche.

---

1. Il existe dans cette collection une médaille avec les mêmes types que celle-ci, et un astre en contremarque, indépendamment de l'épi.

R. ΟΛΒΙ.. Poisson à gauche............Æ. 1.
55. Tête laurée d'Apollon, à droite.
R. ΟΛΒΙΟ. Tête de poisson, à droite.......Æ. 1.

XV.

56. ΟΛΒΙ.. Trépied.
R. Dauphin entre les bonnets des Dioscures, surmontés de deux astres; dessous, un épi.....Æ. 2.
57. ΟΛΒΙΟ. Mêmes types, avec un cercle incus autour du dauphin et de ses accessoires..............Æ. 3.

XVI.

58. Tête de Cérès, à droite, avec des pendants d'oreilles, et un collier.
R. Dauphin, à droite; et dessous, un épi....Æ. 3.
59. Même tête avec un collier.
R. ΟΛ...Dauphin, à gauche; dessous, un épi. Æ. 3.
60. Tête laurée d'Apollon, à droite.
R. ΟΛΒΙΟ. Poisson, à droite; dessous un épi. Æ. 3.
61. Tête d'Apollon, à droite.
R. ΟΛΒΙΟ. Épi, et au-dessous un dauphin ou autre poisson, à gauche; en bas, ΑΘΗ........Æ. 2.
62. Même tête et même revers, avec ΦΟΒ........Æ. 2.
63. Tête laurée d'Apollon, à droite.
R. ΟΛΒΙΟ, au-dessous d'un poisson et d'un épi, à droite........................Æ. 1.
64. Tête d'Apollon, à droite.
R. ΟΛΒΙΟ au-dessus d'un poisson et d'un épi, à gauche............................Æ. $\frac{1}{2}$.

XVII.

65. Tête barbue du dieu Pan, avec deux cornes de taureau au front. NB. Cette tête et toutes les suivantes, sont constamment tournées à gauche.

R. OΛBIO. Coryte, ou étui de l'arc et du carquois, et hache; au-dessus, le monogramme (7)...Æ. 6.

66. Tête de Pan, avec deux cornes au front.

R. OΛBIO. Coryte au carquois avec l'arc, et une hache; dessous la lettre A.............Æ. 6.

67. Autre, avec OΛBIO; au-dessus le monogramme (8). Æ. 6.
68. Autre, avec OΛBIO, et le monogramme (9).....Æ. 6.
69. Autre, avec OΛB.., et le monogramme (10)...Æ. 6.

NB. La tête représentée sur cette médaille est d'un autre caractère que les précédentes et les suivantes, et n'a point de cornes apparentes. Peut-être est-ce une autre tête que celle du dieu Pan?

70. Tête barbue et cornue du dieu Pan, avec le même revers et la lettre Δ....................Æ. 7.
71. Même tête et même revers, avec AP.........Æ. 4.
72. Autre, avec API........................Æ. 4.
73. Même type, avec un astre en contremarque.

R. Même type, avec un dauphin en contremarque..........................Æ. 5.

74. Autre, à peu près semblable..............Æ. 5.
75. Tête de Pan, avec un dauphin en contremarque sur le type.

R. OΛ.... Un astre, en contremarque......Æ. 5.

76. Tête de Pan barbue et cornue; dans le champ, une feuille de lierre en contremarque.

R. ΟΛΒΙΟ. Coryte avec l'arc et la hache.
77. Mêmes types; sur celui du revers, une contremarque dont le symbole est indistinct, et paraît être un coryte [1].
78. Autre, avec ΟΛΒΙΟ, et le monogramme (11).
79. Autre, avec ΟΛΒΙΟ, et monogramme (12).
80. Autre, avec ΟΛΒΙΟ, et ΑΘ.
81. Autre, avec ΟΛΒΙΟ, et ΑΛ.
82. Autre, avec ΟΛΒΙΟ, et le monogramme (13).
83. Autre, avec ΟΛΒΙΟ, et ΒΟΣ.
84. Autre, avec ΟΛΒΙΟ, et Δ.
85. Autre, avec ΟΛΒΙΟ, et ΔΙ.
86. Autre, avec ΟΛΒΙΟ, et ΕΚ.
87. Autre, avec ΟΛΒΙΟ, et le monogramme (14).
88. Autre, avec ΟΛΒΙΟ, et ΕΥ.
89. Autre, avec ΟΛΒΙΟ, et ΕΠ.
90. Autre, avec ΟΛΒΙΟ, et le monogramme (15).
91. Autre, avec ΟΛΒΙΟ, et ΕΠΙ.
92. Autre, avec ΟΛΒΙΟ, et le monogramme (16).
93. Autre, avec ΟΛΒΙΟ, et Θ.
94. Autre, avec ΟΛΒΙΟ, et ΘΕ.
95. Autre, avec ΟΛΒΙΟ, et ΘΕΥ.
96. Autre, avec ΟΛΒΙΟ, et ΙΔ.
97. Autre, avec ΟΛΒΙΟ, et ΙΚ.

---

[1]. Les médailles suivantes de cette classe se trouvent toutes dans ce cabinet; mais pour ne point répéter inutilement les mêmes types, on s'est contenté d'indiquer ici les différentes lettres initiales qu'elles offrent, en les rangeant par ordre alphabétique, sans donner les dessins de ces médailles.

98. Autre, avec ΟΛΒΙΟ, et ΙΦΙ'.
99. Autre, avec ΟΛΒΙΟ, et ΛΑ.
100. Autre, avec ΟΛΒΙΟ, et ΛΕ.
101. Autre, avec ΟΛΒΙΟ, et Μ.
102. Autre, avec ΟΛΒΙΟ, et le monogramme (1).
103. Autre, avec ΟΛΒΙΟ, et ΜΕ.
104. Autre, avec ΟΛΒΙΟ, et le monogramme (17).
105. Autre, avec ΟΛΒΙΟ, et ΜΗ.
106. Autre, avec ΟΛΒΙΟ, et le monogramme (18).
107. Autre, avec ΟΛΒΙΟ, et ΜΙ.
108. Autre, avec ΟΛΒΙΟ, et le monogramme (19).
109. Autre, avec ΟΛΒΙΟ, et le monogramme (20).
110. Autre, avec le monogramme (21).
111. Autre, avec ΜΟ.
112. Autre, avec ΟΛΒΙΟ, et ΜΟΥ.
113. Autre, avec ΟΛΒΙΟ, et ΝΙ.
114. Autre, avec ΟΛΒΙΟ, et ΝΟΥ.
115. Autre, avec ΟΛΒΙΟ, et le monogramme (22).
116. Autre, avec ΟΛΒΙΟ, et ΙΙΙ.
117. Autre, avec ΟΛΒΙΟ, et le monogramme (23).
118. Autre, avec ΟΛΒΙΟ, et ΠΟ.
119. Autre, avec ΟΛΒΙΟ, et ΣΥ.
120. Autre, avec ΟΛΒΙΟ, et ΣΥΜ.
121. Autre, avec ΟΛΒΙΟ, et ΣΩ.
122. Autre, avec ΟΛΒΙΟ, et Φ.
123. Autre, avec ΟΛΒΙΟ, et ΦΙ.

---

1. Le Φ est figuré d'une manière particulière. Voyez la table des monogrammes, n° 28.

124. Autre, avec ΟΛΒΙΟ, et ΦΙ [1].
125. Autre, avec ΟΛΒΙΟ, et le monogramme (24) [2].

XVIII.

126. Tête laurée de Jupiter, à droite, avec une grappe de raisin en contremarque.
 R. .ΛΒΙ. Coryte avec l'arc.............Æ. 7.
127. Même tête, avec une petite tête du dieu Pan en contremarque.
 R. ΟΛΒΙΟ. Coryte et arc; dessous, hache, avec ΘΡΑ...........................Æ. 7.
128. Même tête fruste, et sans contremarque.
 R. ΟΛΒ... Coryte et arc; dessous, hache, avec ΘΙΕ............................Æ. 6.
129. Tête diadémée de Jupiter, à droite.
 R. ΟΛΒΙΟ. Coryte et arc; dessous, hache, dans le champ la lettre Θ...................Æ. 5½.

XIX.

130. Tête d'Apollon, à gauche; et derrière, tête plus petite de Pallas, casquée.
 R. ΟΛΒΙΟ. Coryte avec l'arc; dessous, hache, avec ΔΙΟΣ............................Æ. 5.
131. Mêmes têtes.

---

[1]. Le Φ est d'une forme particulière. Voyez le même n° 28 dans la table des monogrammes.

[2]. Toutes ces médailles sont du module des n°ˢ 5 et 6 de l'échelle, jointe à ce catalogue.

(52)

R. ΟΛΒΙΟ. Même type, avec ΣΩΜΟ; dans le champ la lettre Φ[1]..........................Æ. 5.

XX.

132. Têtes d'Apollon et de Pallas, à gauche, surfrappées de deux chevaux à mi-corps, et ΟΛ.

R. ΟΛΒΙΟ. Tête radiée d'Apollon-Hélios, ou du soleil, surfrappée sur l'ancien type du coryte et de la hache; dans le champ, les lettres Φ et M. Æ. 5.

133. Même type, avec les têtes d'Apollon et de Pallas, surfrappées d'une tête d'Hélios.

R. Même type, surfrappé de la partie antérieure d'un cheval; dessous, la hache, avec ΣΩΜΟ....Æ. 5.

134. Tête d'Hélios surfrappée.

R. ΟΛΒΙΟ. Deux chevaux surfrappés, ainsi que les lettres ΟΛ dessous........................Æ. 5.

135. Même tête surfrappée, avec une petite tête de Pan en contremarque.

R. Deux chevaux surfrappés, ainsi que les lettres ΟΛ..................................Æ. 6.

136. Tête semblable à celle du dieu Pan, à gauche, surfrappée d'une tête d'Hélios.

R. Contremarque d'un poisson sur l'ancien revers, surfrappé de deux chevaux, avec les lettres ΟΛ..Æ. 6.

XXI.

137. Tête indistincte, à droite.

---

1. Le Φ est de la forme indiquée dans la table des monogrammes, n° 28.

R. .ΛΒΙΟΠΟΛΕΙ.. Parties antérieures de deux chevaux..................................Æ. $2\frac{1}{2}$.

XXII.

138. Tête d'Apollon, à gauche, avec une petite tête de Pan en contremarque.

R. ΟΛΒΙΟ. Coryte avec l'arc et la hache, au-dessus de lettres à moitié effacées...............Æ. 6.

XXIII.

139. Tête d'Hercule imberbe, à gauche, couverte de la peau de lion.

R. ΟΛΒΙΟ. Coryte avec l'arc, et massue; dessous ΠΕΕ, et dans le champ le monogramme (25)..Æ. 6.

140. Même tête.

R. Mêmes symboles; dessous ΣΑΤΥΡ.......Æ. 6.

141. Tête d'Hercule, à droite.

R. ΟΙΒΛΟ rétrograde. Coryte et massue; dessous ΗΕΠ rétrograde.....................Æ. 5.

142. Tête d'Hercule, à droite, avec une petite tête de Pallas en contremarque.

R. ΟΛΒΙΟ. Massue, à droite; dessous ΕΙΡΗΒΑ[1]. Æ. 6.

143. Même type, et même contremarque.

R. ΟΛΒΙΟ. Massue, à gauche; à côté la lettre E, et dessous ΕΙΡΗΒΑ[2].....................Æ. 6.

---

[1]. La syllabe PH est en monogramme. Voyez la table des monogrammes, n° 29.

[2]. La syllabe PH est de même en monogramme.

XXIV.

144. Tête tourrelée de femme, à gauche.

R. ΟΛΒΙΟ. Homme, un genou en terre, tourné à gauche, et tendant un arc, ayant un carquois attaché au côté; derrière, ΣΩΣΤΡΑ.........Æ. 4.

145. Même tête tourrelée.

R. ΟΛΒΙΟ. Même type; dessous ΦΛΑ......Æ. 2 $\frac{1}{2}$.

146. Mêmes types, avec ΒΑ..................Æ. 2.

147. Autre, avec le monogramme (26)............Æ. 2.

XXV.

148. Tête d'Apollon, à droite.

R. Archer, décochant une flèche (peut-être Apollon Lycien, ou Sminthien); devant, ΕΠΤΑ..Æ. 4.

149. Même tête, avec une grappe de raisin en contre-marque.

R. ΟΛΒΙΟ. Même type, avec ΦΟΒΕ.........Æ. 4.

150. Même tête, et même contremarque.

R. Même type, avec ΙΤΑ..................Æ. 4.

151. Même tête, sans contremarque.

R. Même type, avec ΩΡΙ..................Æ. 4.

XXVI.

152. Tête d'Apollon, à droite, avec la légende ΟΛΒΙΟΠΟ....

R. Figure d'homme debout, avec arc et flèche dans la main gauche[1], et dans la droite, boule

---

[1]. Peut-être aussi Apollon Sminthien, ou Lycien. Les lettres ΑΠ' CM semblent avoir rapport au premier de ces surnoms.

ou autre symbole altéré; autour AΠ, CM et autres lettres indistinctes....................Æ. 3.
(Fabrique barbare).

XXVII.

153. Tête d'Apollon, à gauche.
R. Arc; au-dessous, OΛ...............Æ. 2½.

XXVIII.

154. Tête laurée de Jupiter, à droite, avec un épi en contremarque.
R. ΟΛΒΙΟΠΟΛΙΤΕΩΝ. Flèche............Æ. 4.
155. Même tête, avec un épi et un astre en contremarque.
R. Même légende et même type..........Æ. 4.

XXIX.

156. Tête d'Apollon, à droite.
R. ΟΛΒΙΟ. Coryte....................Æ. 2½.

XXX.

157. Tête d'Apollon, à droite, dans un cercle formé de petits globules.
R. ΟΛ. Coryte, avec l'arc, entre deux astres. Æ. 2½.

XXXI.

158. Tête de Diane, à droite.
R. ΟΛΒΙΟ, ΒΣΕ. Carquois..............Æ. 2½.
159. Même tête.
R. ΒΣΕ, ΟΛΒΙΟ. Carquois..............Æ. 3.

XXXII.

160. Tête, peut-être aussi de Diane, les cheveux agencés différemment.

R. ΟΛΒΙΟ, ΕΙΡΗΒ.[1]. Carquois............Æ. 3.

161. Même tête, avec une petite tête casquée en contremarque.

R. Même type; même inscription, mais fruste. Æ. 3.

XXXIII.

162. Tête casquée, peut-être de Mars, à droite; avec un épi en contremarque.

R. ΟΛΒ..ΠΟΛ.... Bouclier rond et lance. Æ. 3.

XXXIV.

163. Tête tourrelée, à droite, avec un épi ou rameau, en contremarque.

R. ΟΛΒΙΟΠΟΛΙ...Figure ronde indistincte, ainsi que ses accessoires...................Æ. 3.

XXXV.

164. Tête d'Apollon, à droite.

R. Lyre; dans le champ, un astre........Æ. 5$\frac{1}{2}$.

XXXVI.

165. Tête laurée d'Apollon, à droite, avec une petite tête de Pallas en contremarque, au bas.

---

1. ΡΗ est en monogramme; voy. le n° 29 des monogrammes.

R. ΟΛΒΙΟ. Lyre; dans le champ ΒΑ, et plus
bas ΕΙΡΗ[1]..................................Æ. 4.

166. Même tête, avec un astre en contremarque sur le type.

R. Même revers.

167. Tête d'Apollon, avec la légende ΟΛΒΙΟΠΟΛ..

R. Lyre, avec ΛΑΤ, ΟΟΑΤ..............Æ. 4.

XXXVII.

168. Astre.

R. Lyre.................................Æ. 2.

XXXVIII.

169. Apollon debout, avec la légende ΟΛΒΙΟΠΟ-ΛΙΤΩ..

R. Lyre; dans le champ la lettre Δ, et autres indistinctes...........................Æ. 3.

XXXIX.

Médaille de SINOPE, *surfrappée par les* OLBIOPOLITES :

170. Tête laurée d'Apollon, à droite: type nouveau, surfrappé sur l'ancien type, qui représentait un aigle sur un foudre.

R. Lyre, surfrappée sur la tête de Jupiter, type ancien............................Æ. 4½.

XL.

171. Guerrier debout, tenant une lance dans la main

---

1. La syllabe PH est en monogramme.

droite, et de la gauche une couronne, à ce qui paraît; dans le champ les lettres...KI, et Δ.

R. ΟΛΒ. ΟΠΟΛΙ... Caducée ailé; dans le champ Λ............................Æ. 4½.

XLI.

172. Tête de Mercure, couverte du pétase, à droite, avec un épi en contremarque.

R. ΟΛΒΙ. Caducée ailé.................Æ. 3.

173. Même tête, sans contremarque.

R. ΟΛΒΙ. Même type................Æ. 3.

XLII.

174. Apollon assis sur la cortine, tenant l'arc de la main gauche, et de la droite la haste; derrière, le monogramme (26); et devant, dans le champ, la lettre Δ.

R. ΟΛΒΙΟΠΟ... La fortune, avec ses attributs. Æ. 6.

XLIII.

175. Tête voilée, à droite.

R. ΟΛΒΙΟ. Un épi; dessous, les lettres ΑΛ. . Æ. 3.

XLIV.

176. Tête virile, imberbe, à droite; (fruste).

R. Rameau, ou branche d'arbre.........Æ. 2½.

XLV.

177. Tête laurée d'Apollon, à droite.

R. ΟΛΒΙ. Coryte avec l'arc; dans le champ, Λ. Æ. 2.

XLVI.

178. Vache, marchant à gauche; dessus, KATA, et plus bas A.

R. .ΛΒΙΟΠΟΛΙ.... Aigle debout, à droite, tournant la tête à gauche, et tenant une couronne dans son bec; dans le champ, la lettre B..Æ. 5.

XLVII.

179. Tête d'Apollon, de face.

R. Entièrement fruste.................Æ. 3.

XLVIII.

180. Les trois lettres ΙΣΗ.

R. Aire en creux, partagée en quatre parties égales............................Æ. 2.

181. Les lettres ΙΣΤ[1].

R. Même revers....................Æ. 1.

XLIX.

182. Tête à droite, avec une contremarque indistincte qui altère le type.

R. Aire ronde en creux, partagée en quatre parties égales, avec les lettres Φ, Α, Μ, Ε.....Æ. 3.

L.

183. Astre, ou figure pentagone.

R. Revers entièrement fruste. En plomb....PL. 3.

---

1. Cette médaille, dont il existe plusieurs doubles dans la présente collection, paraîtrait appartenir à la ville d'*Istrus*, si la précédente n'offrait point une espèce d'H renversé : Η, au lieu de T.

LI.

184. Tête d'Apollon, à droite.

R. Tête de taureau, à droite, derrière laquelle on voit la moitié d'un astre................Æ. 1,

185. Même tête.

R. Tête de taureau, sans astre............Æ. $\frac{3}{4}$.

LII.

186. Tête de lion.

R. Astre [1]............................Æ. 1,

MÉDAILLES IMPÉRIALES
EN BRONZE.

LIII.

Septime-Sévère.

187. AYT. KAI. ΛΟΥ. CEΠ. CEYHPOC. Π. CEBA.
Tête laurée de Septime-Sévère, à droite.

R. ΟΛΒΙΟΠΟΛ... La fortune debout, à gauche, avec ses attributs....................Æ. 5$\frac{1}{2}$.

188. Même tête et même légende.

R. ΟΛΒΙΟΠΟΛΕ.. Jupiter assis, tenant la haste

---

1. Les trois dernières médailles ayant été trouvées avec les autres sur l'emplacement d'*Olbia*, et n'étant pas décrites, on a cru, malgré l'absence des lettres initiales du nom des *Olbiopolites*, pouvoir, d'après leur fabrique et leur module, les rapporter à ce peuple.

de la main droite, et de la gauche un foudre indistinct.................................Æ. $\frac{1}{2}$.

LIV.

Caracalla.

189. M. AYP....... Tête laurée de Caracalla, à droite.

R. OΛBIOΠO ...... Jupiter assis, avec les mêmes attributs que sur la médaille précédente. Æ. $5\frac{1}{2}$.

190. Même tête, légende effacée.

R. OΛBIOΠOΛEITωN. Guerrier nu, debout, le bras droit posé sur un trophée.......... Æ. $5\frac{1}{2}$.

LV.

Géta.

191. Λ. CEΠT. ΓETA. Tête de Géta à droite.

R. OΛBIOΠO ...Guerrier armé, tenant une lance de la main droite................... Æ. 3.

LVI.

Julia-Domna.

192. ...ΔOMN...B. Tête de Julia-Domna, à droite.

R. OΛBIOΠOΛEITωN. Aigle, les ailes à demi-éployées, tournant la tête à gauche, et tenant une couronne dans son bec; dans le champ, la lettre B. Æ. 5.

193. Même tête.

R. OIΠΛO, rétrograde. Quadrupède cornu, à droite; au-dessous B....................... Æ. 4.

194. Même tête.

R. ....ΠΟΛΙΤ.. La fortune, debout, avec ses attributs......................... Æ. 4.

LVII.

Alexandre-Sévère.

195. ΑΥΤ. Κ. Μ. ΑΥΡ. CEOY. ΑΛΕΞΑΝΔΡΟC. Tête laurée de Sévère-Alexandre.

R. ΟΛΒΙΟΠΟΛΙΤ. Aigle éployé, de face, tenant une couronne dans son bec............. Æ. 6.

196. Mêmes types; dans le champ du revers, la lettre Δ. Æ. 4.

197. .ΛΕΞΑΝ... Mme tête.

R. ΟΛΒ..ΠΟΛΙΤωΝ, dans une couronne de laurier................................. Æ. 3.

198. ...CEOY. ΑΛΕΞΑΝ.... Même tête.

R. ΟΛΒΙΟ. Bœuf, marchant à droite; dessous, N, M...................................... Æ. 3.

LVIII.

Julia-Mamœa.

199. ΙΟΥΛΙΑ. ΜΑΜΕΑ. Tête de Mamée, à droite.

R. ΟΛΒΙΟΠΟΛΙ...La fortune, debout, avec ses attributs........................... Æ. 5.

200. Même tête et même légende, dans un cercle composé de petits globules.

R. ΟΛΒΙΟΠΟΛΙΤΩΝ. Junon assise, à droite, tenant de la main droite un foudre, et lançant la foudre de la main gauche; le tout dans un cercle de globules............................. Æ. 4.

MÉDAILLES

DE ROIS BARBARES.

LIX.

Roi inconnu.

201. BACIΛEΩC. IN..MEΩC. Tête barbue, coiffée d'une espèce d'aile d'oiseau, à droite; derrière, un caducée.

R..ΛBI.ΠO..T.ΩN. Tête d'Apollon, à droite; devant, le monogramme (3)................AR. 3½.

LX.

Scilurus, roi des Tauro-Scythes.

202. Tête virile, imberbe, couverte d'une espèce de chapeau, ressemblant à la *Causia*, coiffure des *Macédoniens*, à droite.

R..AΣ.....ΣΚΙΛΟΥΡ.. Caducée..........Æ. 3½.

203. Même tête.

R. BAΣΙΛ...ΣΚΙΛΟ.... Même type.......Æ. 3½.

NOTE DE L'ÉDITEUR.

Depuis l'impression de ce catalogue, M. de Blaramberg a fait parvenir à l'éditeur le dessin d'une très-belle médaille d'*Olbia*, dont son cabinet a été enrichi tout récemment. Cette médaille a été découverte dans les ruines même d'*Olbia*; on s'empresse d'en donner ici la description :

Tête d'Hercule, imberbe, couverte de la peau de lion, à droite.

R. OΛBIO. Massue et dessous AX........AR. 6.

Le fleuron du titre offre la représentation de cette précieuse médaille, dont le type, assez fréquent sur les médailles de bronze[1], ne s'est point encore rencontré sur celles d'argent.

---

1. Voyez plus haut, page 53, n⁰ˢ 142 et 143.

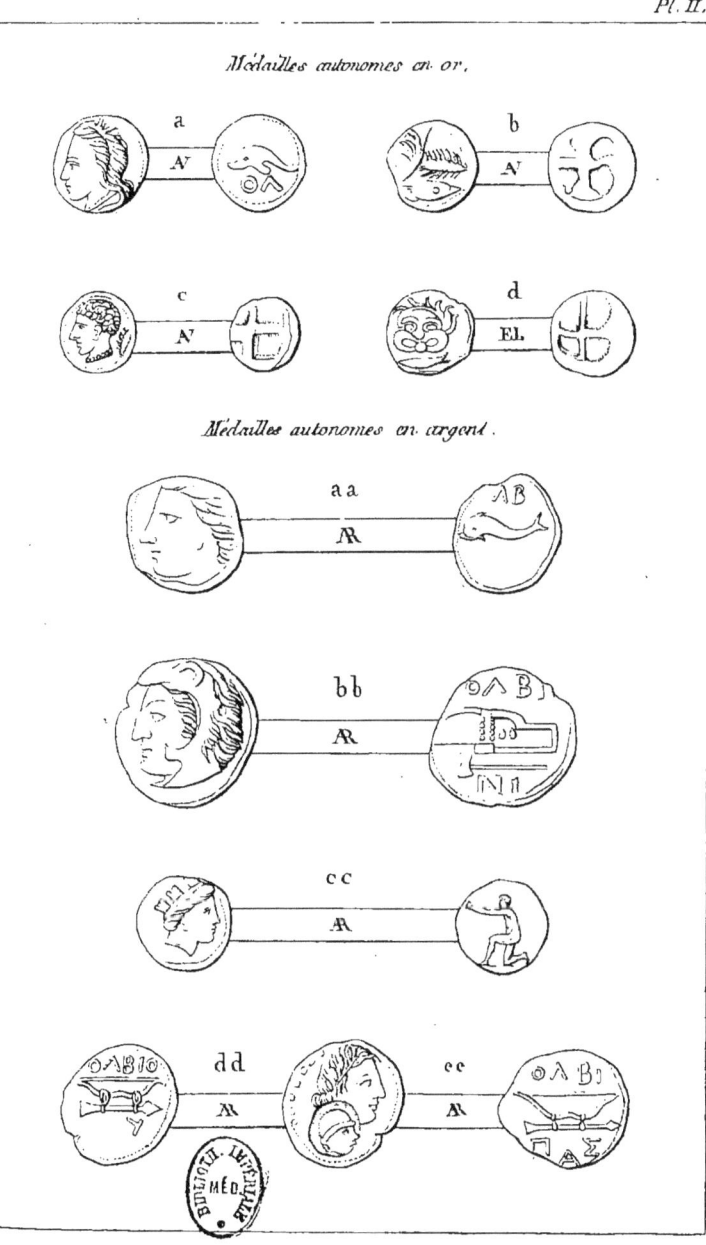

Pl. III.

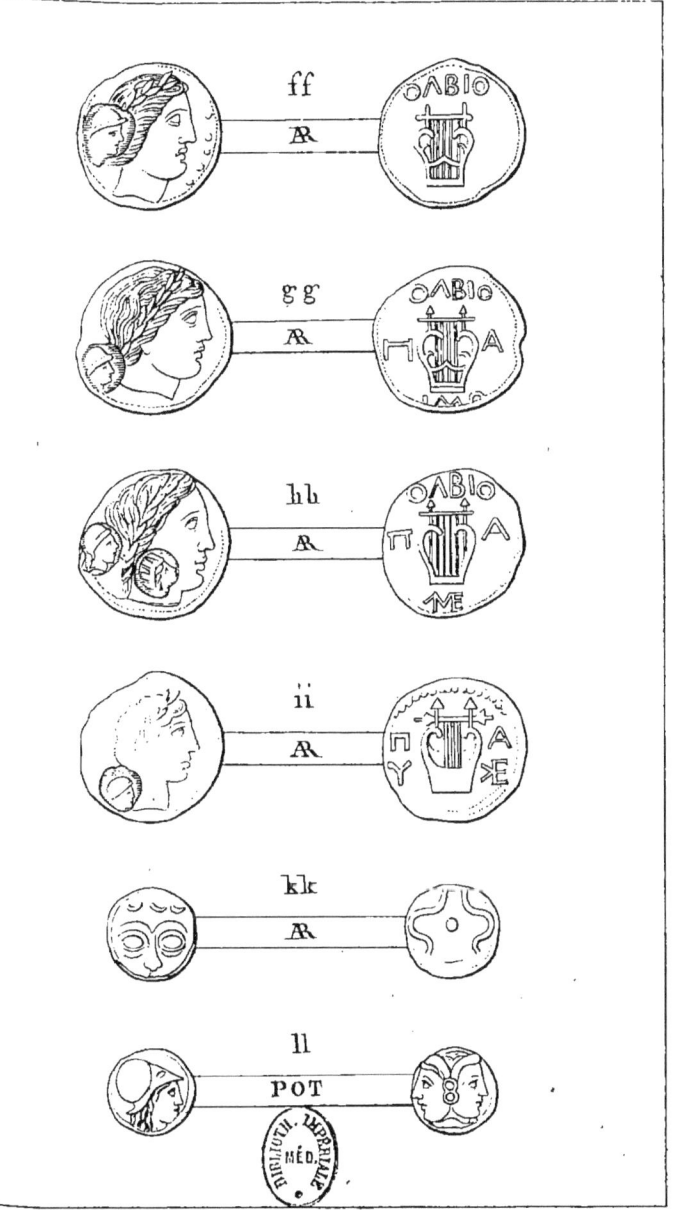

Pl. IV.

Médailles autonomes en bronze

Pl. V.

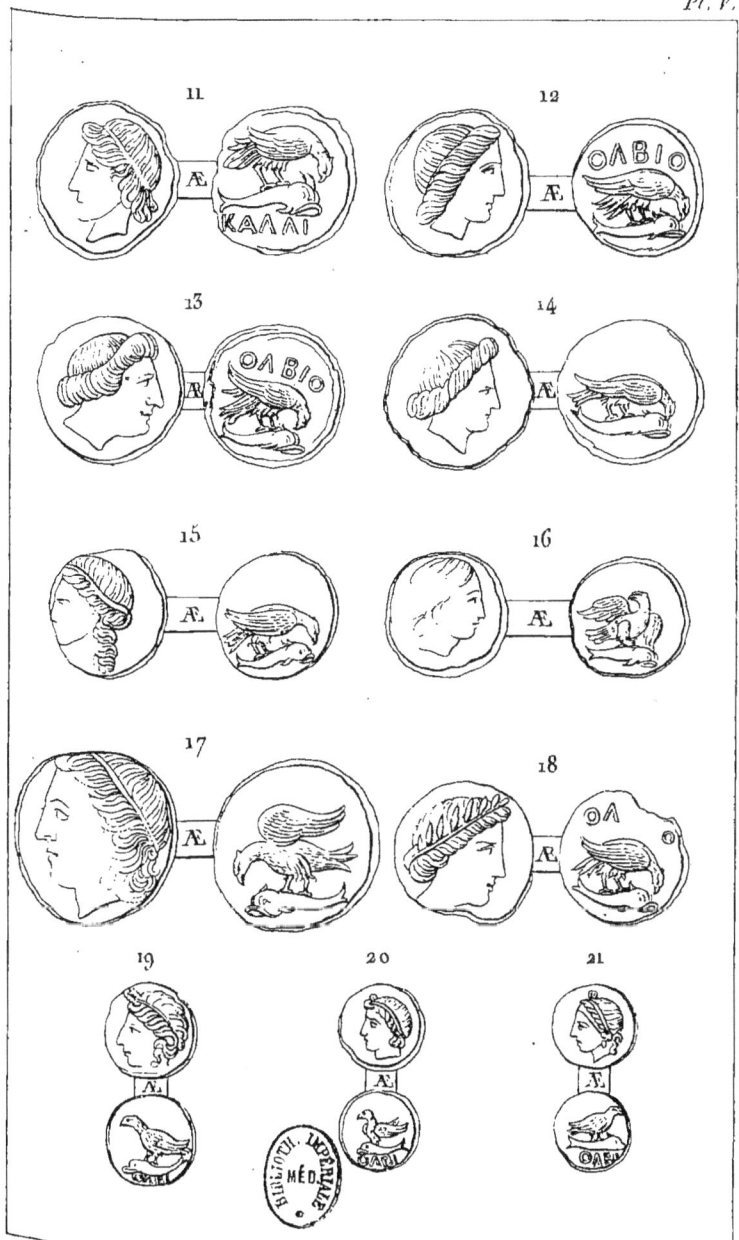

Pl. VI.

Pl. VIII.

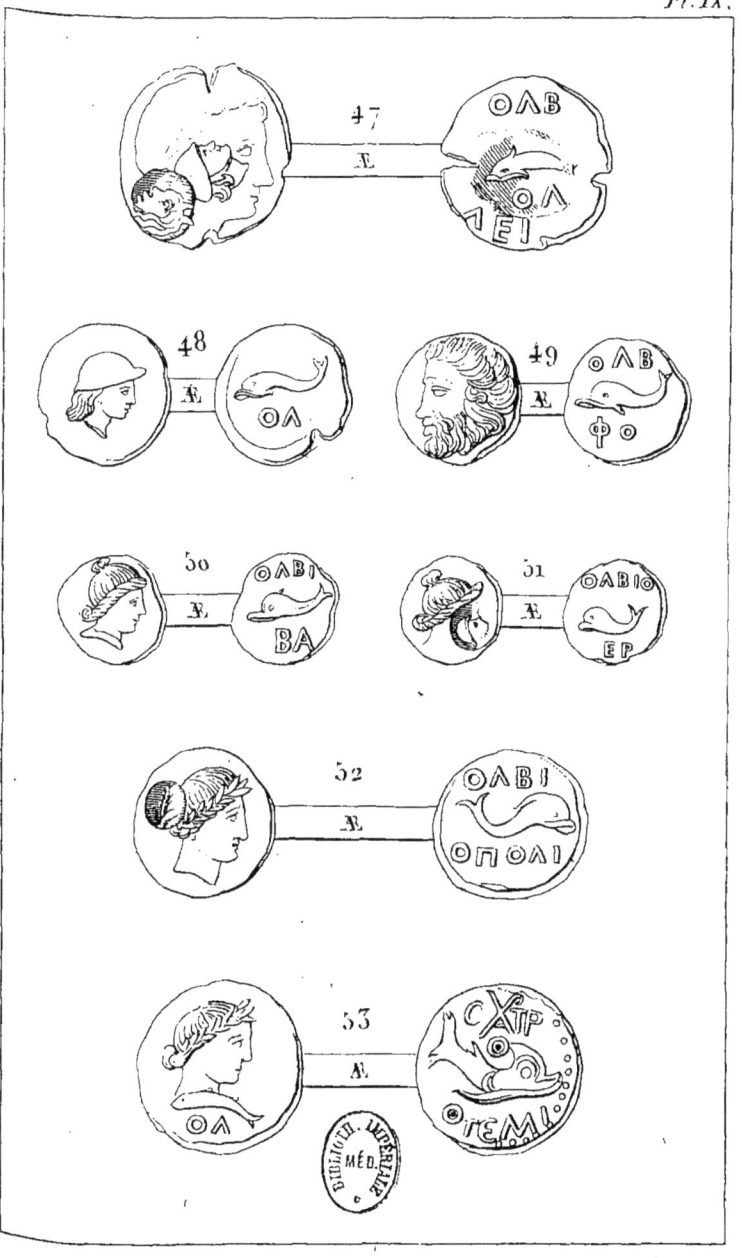

Pl. X.

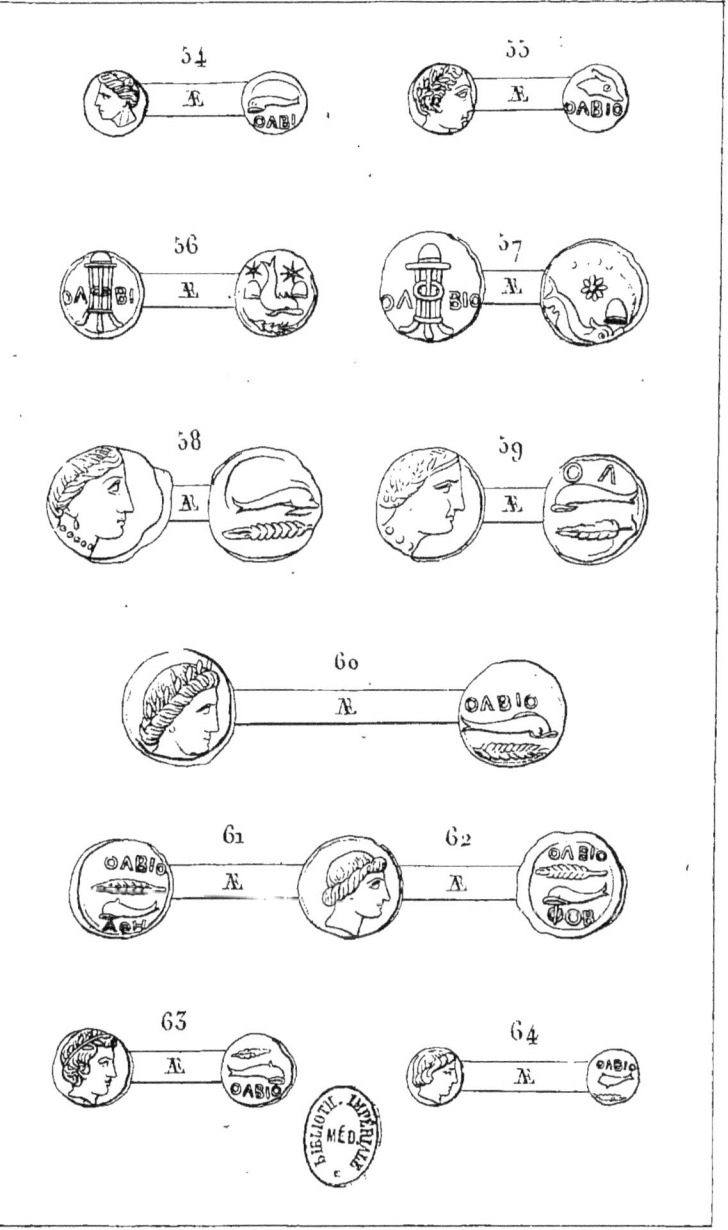

Pl. XI.

Pl. XII.

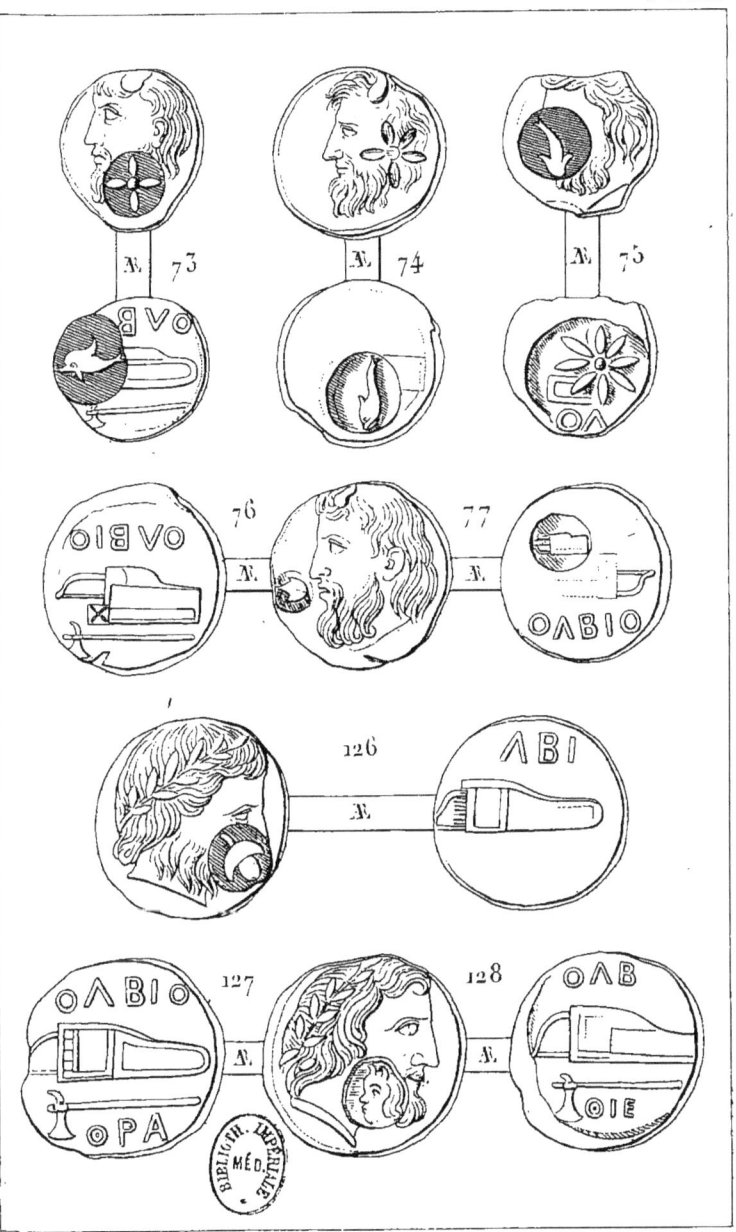

Pl. XIII.

Pl. XIV.

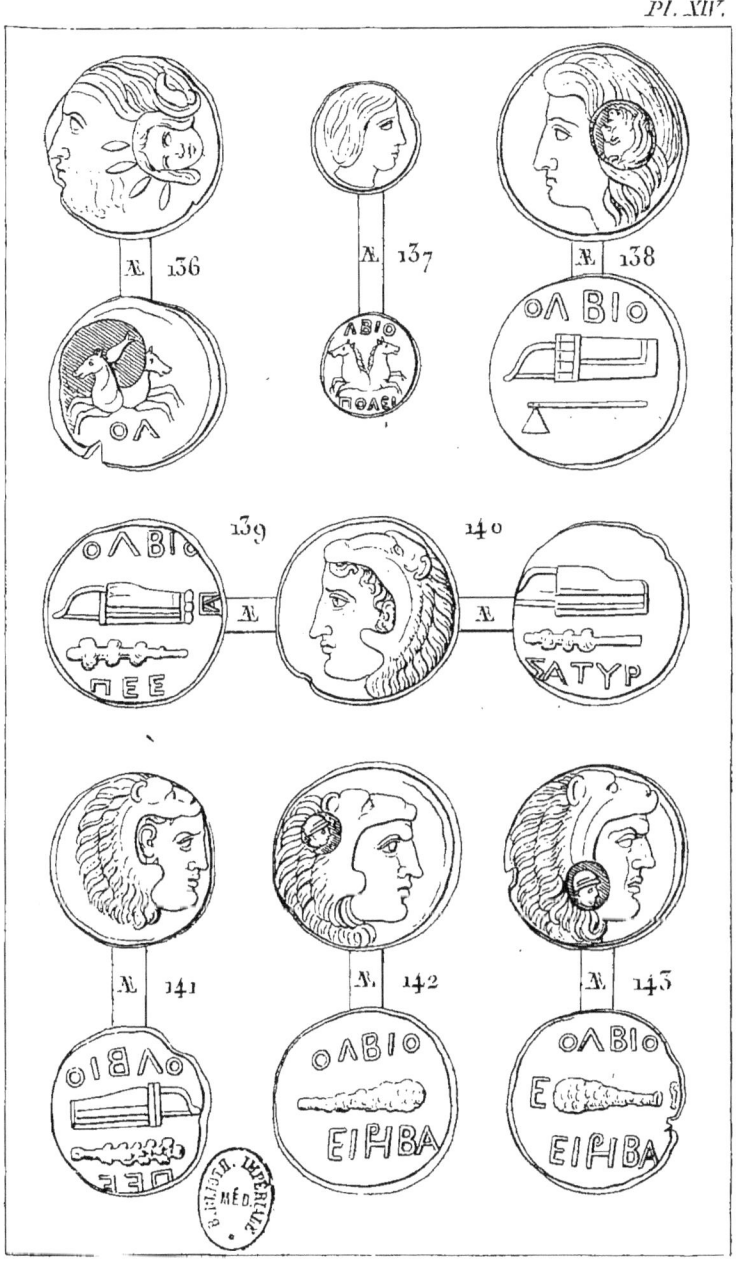

Pl. XV.

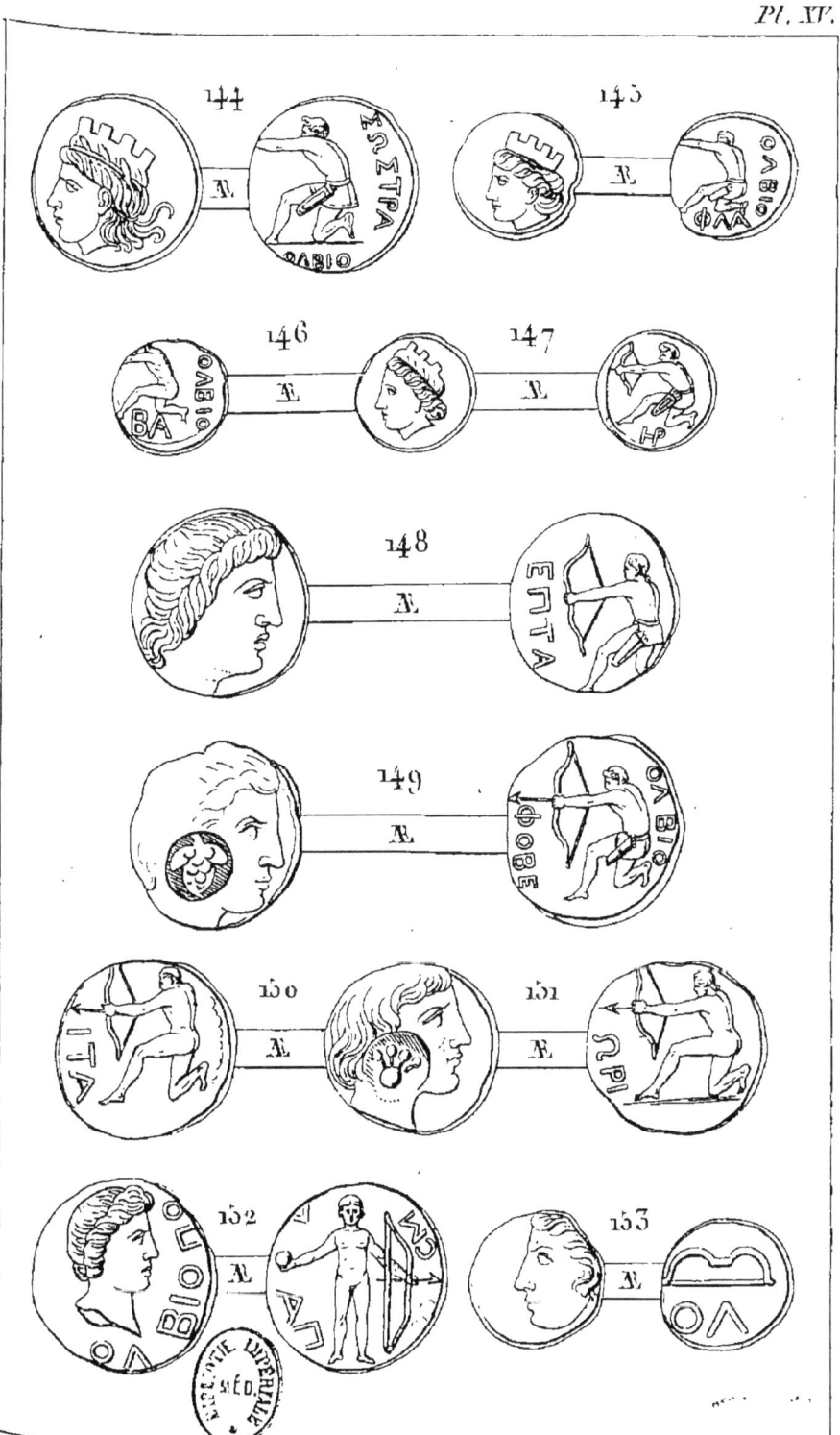

Pl. XVI.

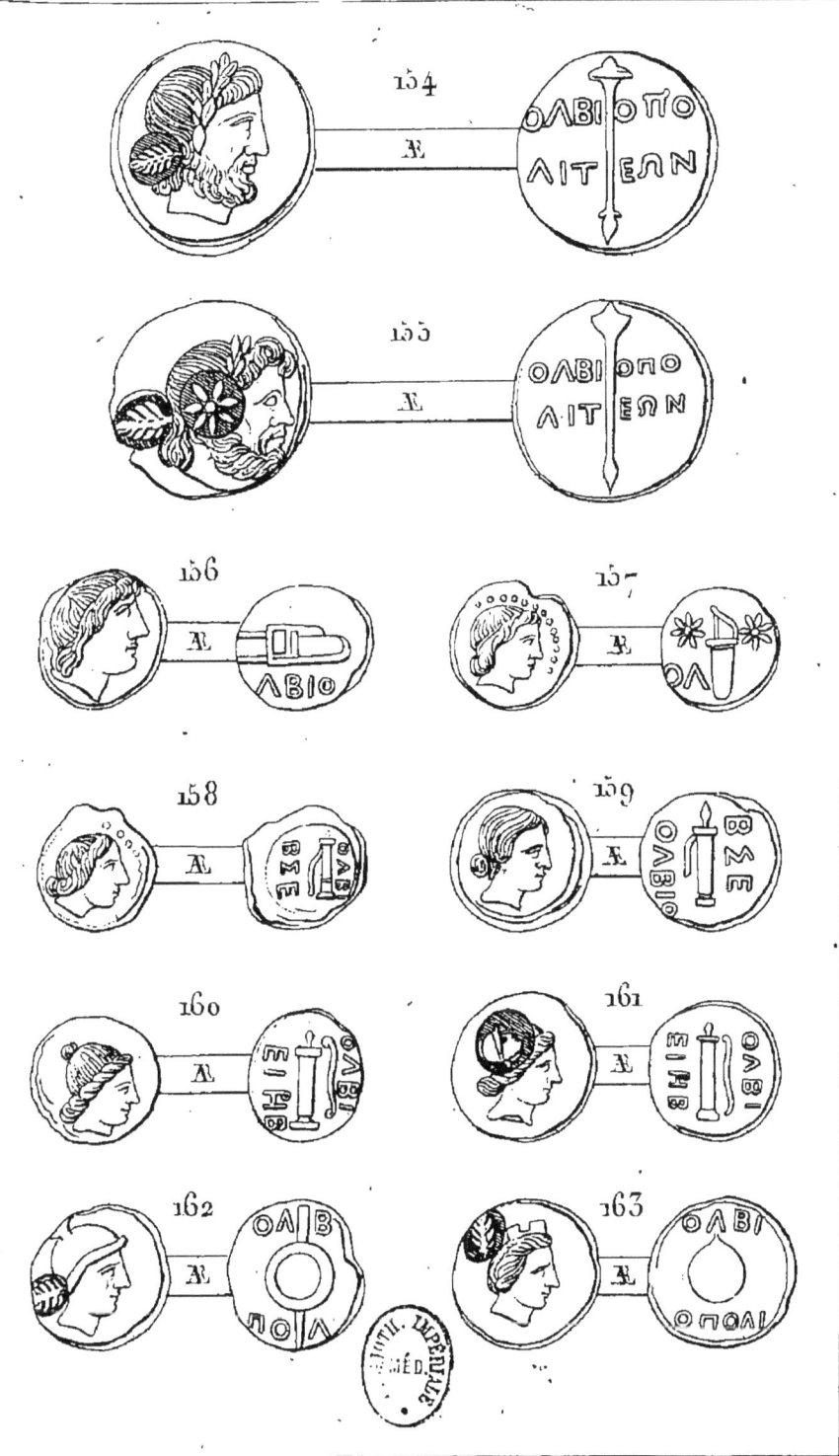

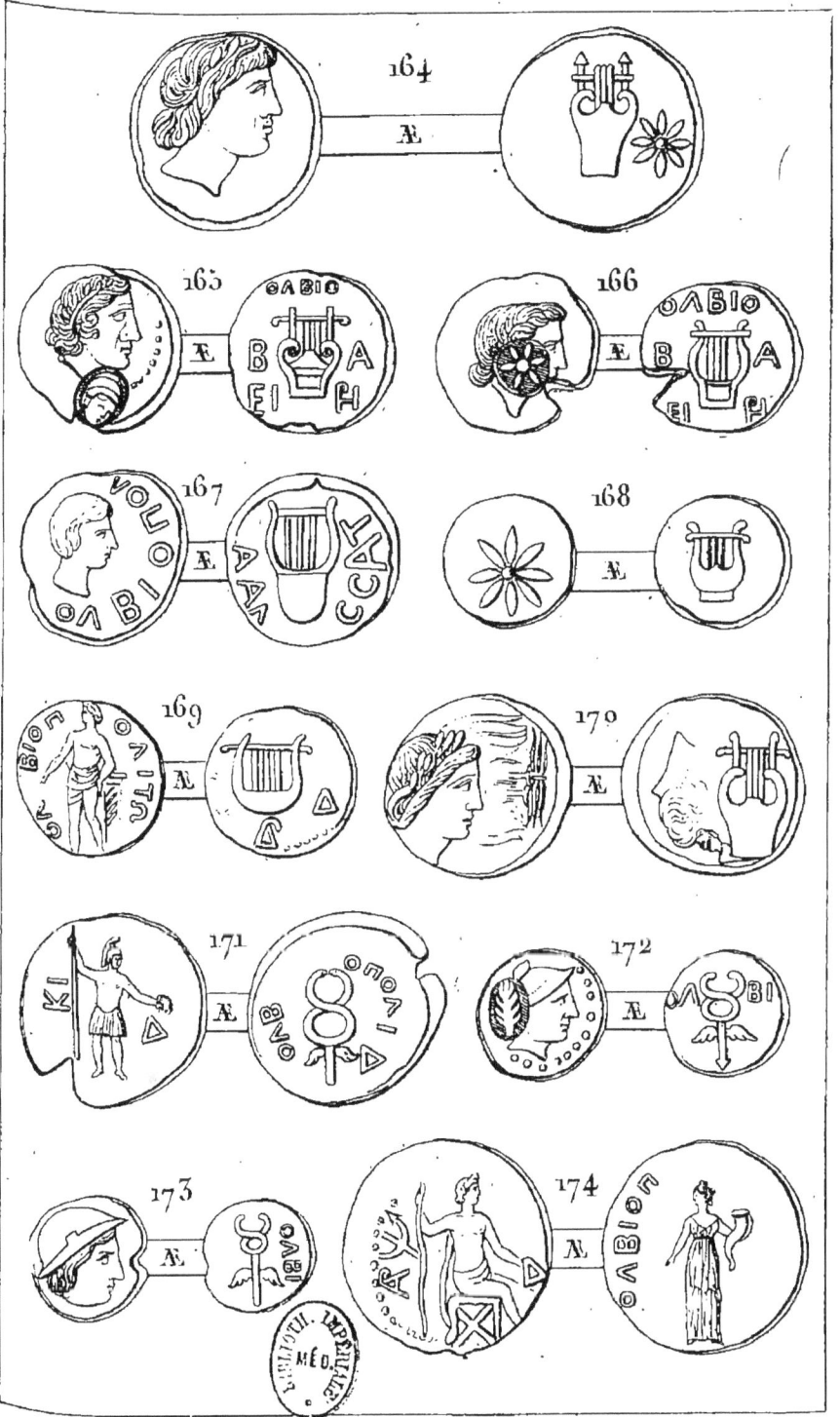

Pl. XVII.

Pl. XVIII.

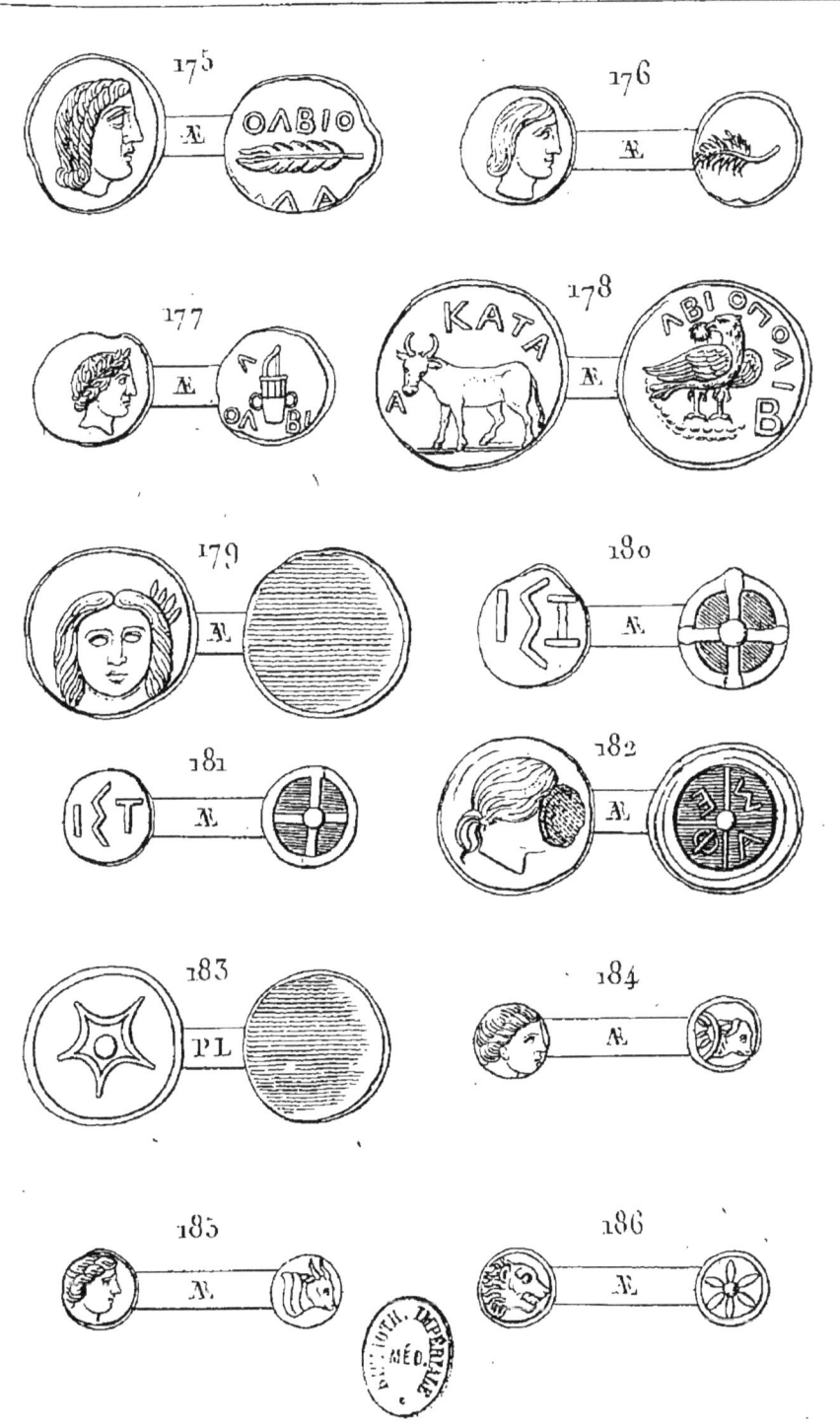

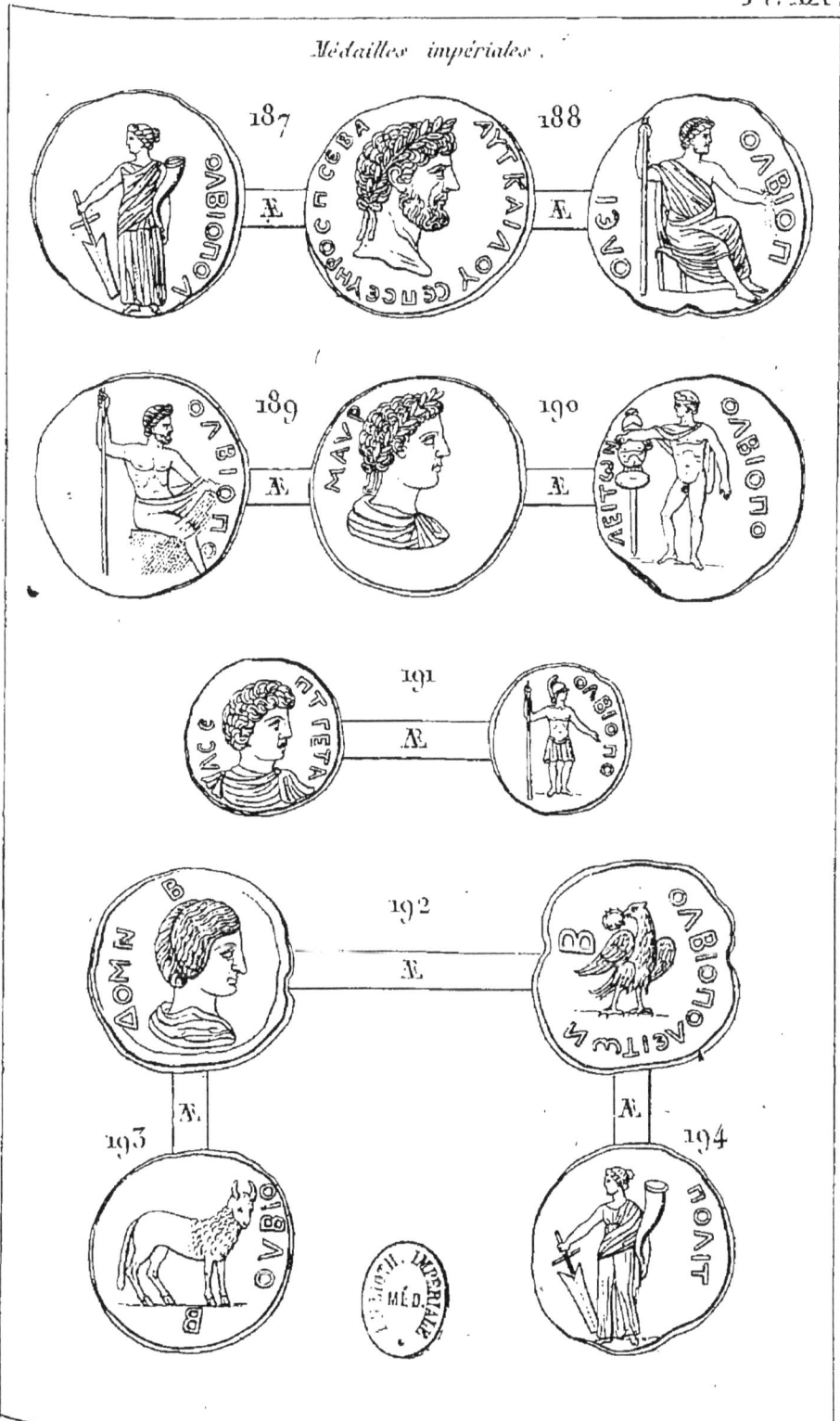

Médailles impériales.

Pl. XX.

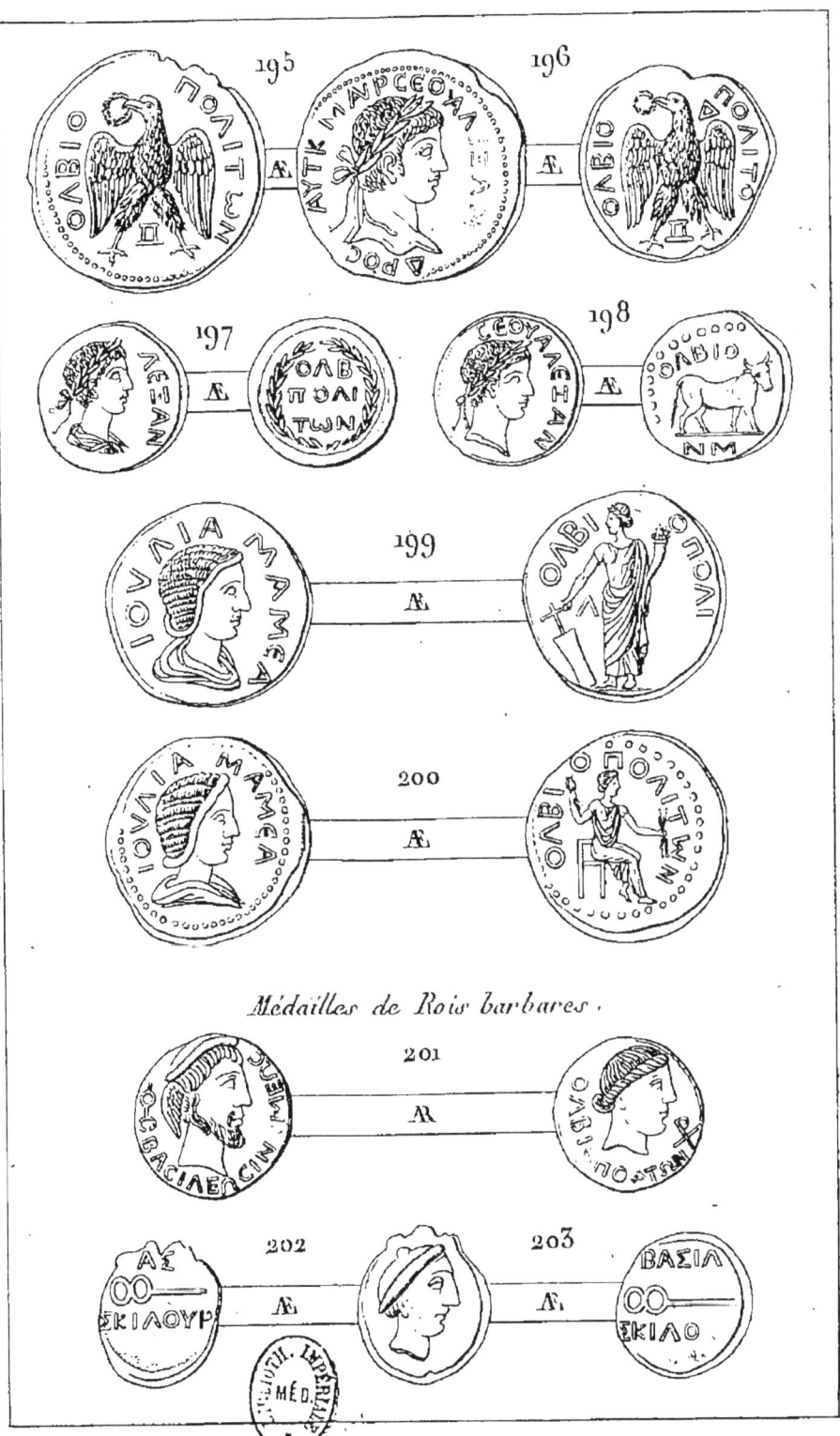

Médailles de Rois barbares.

Table des Monogrammes.

1.	2.	3.	4.	5.	6.	7.	8.	9.
ME	Æ	⋈	⋈	⋈	⋋	Æ	⊢	⋈
10.	11.	12.	13.	14.	15.	16.	17.	18.
⋈	A	A⊙	R	E	E	H	MB	MH
19.	20.	21.	22.	23.	24.	25.	26.	27.
M	M	M	A	□	¥	A	H	R

28. |⚹| *Echelle.*   29 EI⚹BA

www.ingramcontent.com/pod-product-compliance
Lightning Source LLC
Chambersburg PA
CBHW070533100426
42743CB00010B/2065